1冊の本で売上をアップする！

BtoB事業者のための企業出版戦略とケーススタディー

ラーニングス株式会社
代表取締役社長
梶田 洋平

はじめに　――　〜一冊の本で売上をアップする〜

こんにちは。
この度は本書を手に取っていただきありがとうございます。

突然ですが、
一冊の本を出版すれば売上がアップする
と聞いたらどう思うでしょうか？

きっと、そんなにうまい話はないだろうと思うはずです。

確かに本を出版するだけで売上がアップするのであれば、どの会社も本の出版に取り組んでいるはずですが実際はそうなってはいません。

また、一度本の出版にチャレンジしても、それ以降は本の出版に取り組んでいない会社も多数あります。

では、一冊の本で売上をアップすることは夢物語なのでしょうか？

はたまた、偶然売上に結び付くだけのものなのでしょうか？

私はそうは思いません。

それどころか、一冊の本の出版をきっかけに売上の大幅アップを実現している会社がたくさんあります。

また、継続的に本の出版に取り組みながら成長を実現し続けている会社も少なくありません。

これらの成功事例は、企業が売上アップを出版で実現することに真剣に取り組み、実行した確かな結果なのです。

申し遅れました。

私、ラーニングス株式会社の梶田と申します。

私たちの会社は出版社ではありますが、小説や絵本は一切扱っておらず、企業の売上アップを本の出版で実現することに注力している、少し変わった出版社です。

個人事業として２０１４年に創業、２０１７年に法人化して、これまで３００タイトル以上の出版プロジェクトを支援してきました。

正直に申し上げますと、個人事業主の時代は、出版で売上をアップできるかどうかは出版してみないと分からず、クライアントと一緒にどうすればよい結果を得られるかを考えながらサービスを展開しておりました。

徒手空拳で事業を展開すれば、当然結果の出る出版と結果の出ない出版に分かれていきます。

ただ、毎回の出版を学びとして、学びを体系化して次の出版に活かしながら改善を重ねていくとどうでしょう。

徐々に売上アップに結び付く出版のセオリーが分かるようになってきて、現在ではリピーターも増え、クライアントと共に成長を続けてくることができました。

簡単に売上アップの結果に結び付く出版のセオリーを紹介しますと

☑誰から売上をいただくのかを徹底的に考える

☑ベストセラーを狙わず、理想の顧客からの受注を狙う

☑二冊目、三冊目も考えておく

☑出版後の使い方を考えて予算を用意しておく

☑出版がスタート、買ってもらうより配布して活用していく

といったポイントがあります。


いかがでしょうか？

一冊の本を出版するだけで売上がアップすると言ったのに、ずいぶんと面倒くさそうだなと思われたかもしれません。

でも、安心してください。


本書を読めば、きっと売上をアップさせる本がどんなものかが分かるはずです。

また、取り組むことを決めた場合にはどのような手順で取り組めばよいかについてもきっと理解でき、

「よし！　やってみようかな！」

と思っていただけるはずです。


本書があなたの会社の売上アップのきっかけになれば幸いです。

それでは、最後までお付き合いくださいませ。

２０２３年５月　梶田洋平

目次

第三章　出版プロジェクトの進め方 115

CONTENTS

CONTENTS

第一章

本を出版するだけでは売上は上がらない

情報が洪水のように発信され続けている昨今、企業も情報発信に力を入れるようになってきています。

コーポレートサイト、メルマガ、オウンドメディア、YouTube、Facebook、Instagram、TikTok、LINEなどのＳＮＳに取り組んでいる企業も珍しくありません。

それこそ、情報発信に日夜勤しんでいるマーケティングや広報の担当者も多いでしょう。

でも、情報はなんでも発信すればよいというわけではありません。

また、発信する手段も最適なものを選ばなければ、どれも中途半端になってしまいます。

本書は売上をアップさせるための本の出版について紹介する本ですが、本での情報発信には先に挙げたコーポレートサイトやメルマガ、オウンドメディアやYouTube、ＳＮＳとは異なった大きな特徴が一つあります。

それは、一冊出版することでプロジェクトが一段落するということです。

先に挙げた情報発信手段は始めた以上ずっと続けなければ意味がないとされているものばかりです。

担当者も疲弊してしまったり効果がないままに終わってしまうこともよくある話です。

一方、出版と聞くと大変そうと思われるかもしれませんが、一度のプロジェクトで長く使うことができると考えればむしろ効率的とも考えられます。

企業が本を出版すること、これはオンライン施策が発達した今、むしろ注目を集め始めています。

まずは、企業出版がどんなものかを理解するところから始めていきましょう。

コンテンツを発信することは大切です

突然ですが、あなたの会社では情報発信をしているでしょうか？

昨今、会社のコーポレートサイトやメルマガでの情報発信はもちろん、YouTube や Facebook をはじめとしたＳＮＳでの情報発信に力を入れている企業が増えてきています。

特に成長を目指している企業であれば、既存の顧客との取引継続だけではなく、新規顧客との取引開始を狙い続ける必要があると言えます。

そして、その新規顧客を獲得するためには自社を見つけてもらうという過程が必要になるので、そのための情報発信を続けているはずです。

では、情報発信というのは先に挙げたような、オンラインのものばかりでよいのでしょうか？

確かに、一般消費財や若者向けの商材を扱う企業であれば、顧客はネットで何を買うかを検討するため、オンラインでの情報発信が重要と言えるかもしれません。

でもＢ to Ｂ事業者となるとどうでしょうか？

オンライン施策ももちろん効果的ですが、オフライン媒体での情報伝達手段も効果を発揮します。

Ｂ to Ｂ事業者はサービスを見つけてくる人とサービス導入の意思決定者が分かれていることも多く、消費財や若者向けの商材に比べて意思決定の過程が複雑であるためです。

複雑であれば、その意思決定の過程でオンラインよりもオフラインの媒体に説得力を感じる人がいる可能性もありますし、人から人に情報が伝わっていく際にも物理的なモノがあることがメリットになるケースは少なくありません。

もちろん、オフラインだけでなくオンラインの情報伝達手段も大切なのは言うまでもありませんが、それに加えて会社案内パンフレットや営業資料などのオフラインの媒体にも力を入れる必要があるということをここでは強調させていただきました。

　また、情報を発信する際には、その情報を誰に伝えるのかを意識することも大切です。
　例えば、あなたの会社がＳＮＳでの情報発信を考えた際には、以下の表を参考にしてみてください。

　巷では高年齢層でもTwitterなどのＳＮＳに取り組む人が増えてきているという話もありますが、まだまだＳＮＳの利用者の中心は10代〜30代ぐらいの層となっています。

	ユーザー層	特徴
Twitter	20代	140文字の制限付きのツイートで、リアルタイム性が高く、情報の速報性やトレンドを追い求めるユーザーが多い。また、ユーザー同士の対話が活発に行われている。
Instagram	10〜30代	写真や動画を中心としたプラットフォーム。ユーザーがライフスタイルや趣味、興味を自己表現する場として利用されることが多い。
Facebook	30〜50代	ニュースやグループ、イベントなどの機能が充実している。ユーザー同士の交流や情報共有が中心であり、友人やビジネス上でのつながりを強化することを目的としたプラットフォームと言える。
TikTok	10〜20代	ショートムービー形式の動画を中心としたプラットフォーム。クリエイティブなコンテンツや音楽に特化している。ユーザー同士が交流し合うことが特徴的で、ビジネスやプロモーションを目的とした利用も増えている。

20～30代の層が意思決定者のサービスであればＳＮＳだけで伝えられるかもしれませんが、20～30代の社員がサービスを見つけたとしても意思決定者は40代～50代の上司や経営者というケースも少なくないはずです。

売上アップのために新規顧客獲得を狙いたいというのは、多くの成長企業が考えていることです。

ただ新規顧客獲得を実現するためには誰にどんな媒体を使って情報を発信していくのかもしっかりと考えなければならないのです。

【Point】

顧客とのタッチポイントは大切で、企業の情報発信は今後必須になる

誰に伝えるのかを考えて媒体を選ぼう

意外にやられていないのが出版

情報発信は企業の売上アップのために大切であり、誰に情報を伝えたいのかによって適切な媒体を準備する必要があることをお伝えしました。

特に昨今はオンラインに関する情報発信の施策に力を入れる企業が多く、実際それが身を結んでいるケースも数多くあります。

一方で、オンラインの施策はどこの企業もやっているという事態も発生しています。

会社のコーポレートサイトはどこも用意していますし、メルマガやSNSでの情報発信に取り組んでいる企業はたくさんあります。

情報発信することは大切ですが、ライバル企業と同じことをやっていては〝選んでもらえる〟企業になることは簡単ではないでしょう。

そこで、考えていただきたいのが本の出版です。

企業が本を出版するというとどのようなものを想像するでしょうか？

大抵の人が創業10周年や20周年の記念の一環として取り組むものや創業者が引退するときにその波乱万丈な半生を一冊の本にまとめるといったものをイメージするのではないでしょうか？

確かにそうした本も世の中には多数存在しますし、あなたも手渡されたことがあるかもしれません。

でも、本書でおすすめしたい本は、上記のような社内や関係者向けの本とは少し違います。

本書でおすすめしたいのは、情報発信の一つの手段としての本の出版です。

ここで、そもそも情報発信する目的を考えてみてください。

企業が情報発信をする目的は

・採用活動
・新規顧客拡大（認知拡大やブランディングを含む）
・既存顧客のアフターフォロー（カスタマーサクセス）

といったものが主となるはずです。

そして、これらの目的を果たすための情報発信としてコーポレートサイトやメルマガ、SNS等を活用してきたはずです。

この情報発信を本で行いましょうというのが本書の提案したいところです。

わざわざ本を出版する必要などなく、オンラインの施策で十分だと思う方もいるかもしれません。

でも、本でしか実現できないことは実は結構多いのです。

例えば、本の出版には以下のようなメリットがあります。

【メリット①】伝えられる情報が多い

YouTubeなど動画で情報発信をしている企業が増えてきています。

確かに、セミナーなどを動画で撮影して配信すれば、当日のセミナーに参加できなかった人にも見てもらえますし、映像を使うことで分かりやすく伝えることができるかもしれません。


でも、本に掲載できる情報量も決して少なくありません。

むしろ他の媒体に比べてかなりの情報量を入れることができるのが本のメリットです。

一冊の本にはセミナーにして6〜8時間分ぐらいの情報量を入れることができます。

これだけの時間のセミナーをYouTubeで視聴してくれる視聴者はなかなか多くはない

はずですが、本一冊を読み切ってくれる人はそれよりも多いかもしれません。

もちろん、YouTubeと本の両方を利用することで相乗効果を図りながら視聴者、読者をファン化していくことも可能です。

【メリット②】信用度が高い

顔出ししてプロフィールを掲載することによってオンライン上の情報も信頼度が上がってきているというのは間違いありません。

でも、本の信用度も非常に高いです。

本を出しているというのは一つの実績として長期間に渡って利用することができますし、その実績があるとオンラインの情報もより信頼をもって見てもらえます。

実際に、弊社で本の出版のお手伝いをさせていただいた方からも、本を出版したことによってウェブマーケティングの効果が大きく向上したという声もいただいております。

オンラインの情報を読むときと本を読むときを比べると、本を読むときの方が学ぼうという姿勢も強いはずです。

【メリット③】順序よく体系的に理解してもらえる

これまでの人生で何かを学ぼうと考えた際には書物を利用したことがある人が多いはずです。

ここではあえて本ではなく書物という言葉を使わせていただきましたが、資格試験や高校、大学などの入学試験などで多くの人は参考書や教科書などの書物を利用してきたはずです。

それは情報を順序良く体系的に理解するためには書物が優れているということを、なんとなく理解しているためです。

オンラインの情報は飛ばしながらだったり、見たいところだけかいつまんで視聴する人が多いかもしれませんが、本は体系的に整理して情報を伝えることができるため、読者にもより理解してもらいやすくなります。

企業の持っているノウハウや経験を、一冊の本を通じて体系的にわかりやすく整理して情報を伝えることができたらどうでしょうか？

きっとその企業への信頼度が高まり、悩み事や解決したい課題があれば相談したいと考えるはずです。

それも課題が深刻であればあるほど、相談したくなるはずで、そうした見込み顧客は成約率が高く優良顧客となる可能性が高いものです。

余談ですが、企業のノウハウや経験を一冊の本にまとめるという本をつくる過程は、著者である企業にも非常にプラスになると好評です。

仕事に関するノウハウや経験は、社内でしっかりと共有できているでしょうか？

それが実現できて最終的に一冊の本にまとまれば、会社全体の士気が上がり、より業績にプラスの影響を与えられるようになるはずです。

【Point】

情報を体系的に伝えられる本の出版にはオンラインにはないメリットがたくさんある

社外からの信用力向上はもちろん、社員教育の一環としても利用価値あり

イメージとは違う企業出版の世界

企業が情報発信の一環として本の出版に取り組むことのメリットについて紹介してきましたが、こうした出版の形態を一般的に企業出版といいます。

よく、自費出版と同じだと思われがちですが、考え方が少し異なります。

費用を著者が負担するという意味では自費出版と同様になるのですが、自費出版は小説やエッセイ集などのように、言ってみれば作品づくりのイメージで取り組むものです。作品づくりですから紙の質にこだわったり表紙には箔押しを使ったりと装丁にもこだわるケースが多いものです。

一方の企業出版は経営課題の解決を目的としているために、自費出版の作品づくりとは全く違うプロセスで本づくりに取り組むことになります。

具体的なプロセスについては第三章で詳しく紹介しますが、最初から経営課題の解決を目的として、それを実現をするための手段として本を作っていくことになるのです。

ここでは、よく企業出版の目的とされる経営課題について紹介していきます。

売上アップ 新規顧客の開拓や取引拡大による売上アップを目指すのが、企業出版で最もおすすめとしたい目的。	**ブランディング** ブランディングを実現することで選ばれる存在になることも。出版だけでなく色々な情報発信媒体も同時に使うことが有効
人材 採用の場面で配布することで、応募者の共感を生んだり、社内で配布することでエンゲージメントを高めることを目的にすることも多い。	**マーケティング** 集客などを目的とすることもある企業出版。ただ、ウェブ広告等と費用対効果を比べることも大切。

【経営課題①】売上アップ（成約率アップ）に関する課題

売上アップのために本を出版したいというお声を大変多くいただきます。
売上アップを実現するためには大きく

・新規顧客の獲得
・既存顧客の取引拡大

がテーマになりますが、特に企業出版が効果を発揮するのが新規顧客の獲得を目的とした企業出版です。

売上アップのための企業出版の企画の詳細は第二章でも詳しく紹介しておりますので、ぜひそちらを参考にしてみて下さい。

【経営課題②】人材に関する課題

今いる社員のエンゲージメント強化に加えて、ビジョンや価値観の共有、あるいは新しく人材を採用するために本を出版したいというケースも多いです。

本づくりに社員に参加してもらうことで会社へのエンゲージメントも高められますし、社員の家族に読んでもらうことで仕事を理解してもらうといった効果も期待できます。

また、企業出版とは少し違いますが、最近ではビジョンブックを作る会社も増えています。

特にまだカルチャーが育っていないベンチャー企業にとってパーパスやミッション・ビジョン・バリューの社員への浸透は必要不可欠です。

こうした企業が、会社や創業者、経営陣の生い立ちを一冊のビジョンブックにまとめて、人材教育の一助に利用するといった使い方が最近増えてきています。

【経営課題③】ブランディングに関する課題

ハンバーガーといえばマクドナルド、スマホといえばアイフォン、というように第一想起されるようなブランディングが実現できれば仕事が非常にスムーズになります。

かつてはブランディングと言えばＢ to Ｃの事業を展開する企業が取り組むものという認識が一般的でしたが、最近はＢ to Ｂ事業を展開する企業であってもブランディングに取り組むケースが増えてきています。


あなたの会社で第一想起を狙いたいのはどんなフレーズでしょうか？

そのフレーズがしっかりと定まっているのであれば、そのフレーズに関する本を出版してみてはいかがでしょうか？

それも、一冊だけではなく、二冊、三冊と多数出版していく戦略もおすすめです。


ブランディングは情報発信なくして実現しないものですが、本はブランディング目的の情報発信に適した媒体と考えられています。

【経営課題④】マーケティングに関する課題

マーケティングも売上アップの一部と考えられますが、あえて本書では説明を分かりやすくするために

・売上アップ＝成約率をアップさせるもの
・マーケティング＝見込み顧客の集客

というイメージで分けて紹介させていただきます。

そして、マーケティング（＝見込み顧客の集客）に関する経営課題の解決に利用したいという目的で本の出版に取り組むケースも少なくありません。

ただ、実はこのマーケティングを目的とした場合には、オンラインの方が費用対効果が優れているケースが少なくないので注意が必要です。

というのもマーケティングは、正解がなく、データを見ながら少しずつＰＤＣＡを回して改善を図っていく方法が効果を上げやすいためで、一方、本は一度出版すると修正がし

づらく、もともと数多く集めるよりも数こそ少なくても見込み度を向上させたり成約に結び付けるという目的の方が得意と考えられるためです。

もちろん、売上アップのためにはマーケティング戦略が必要不可欠であることは言うまでもありませんが、

・成約率アップが売上アップに直結すること

・そしてその部分が実は改善の余地がある企業が多いこと

などから今回は売上アップとマーケティングを分けさせていただきました。

ここまで解説してきたように、企業出版は

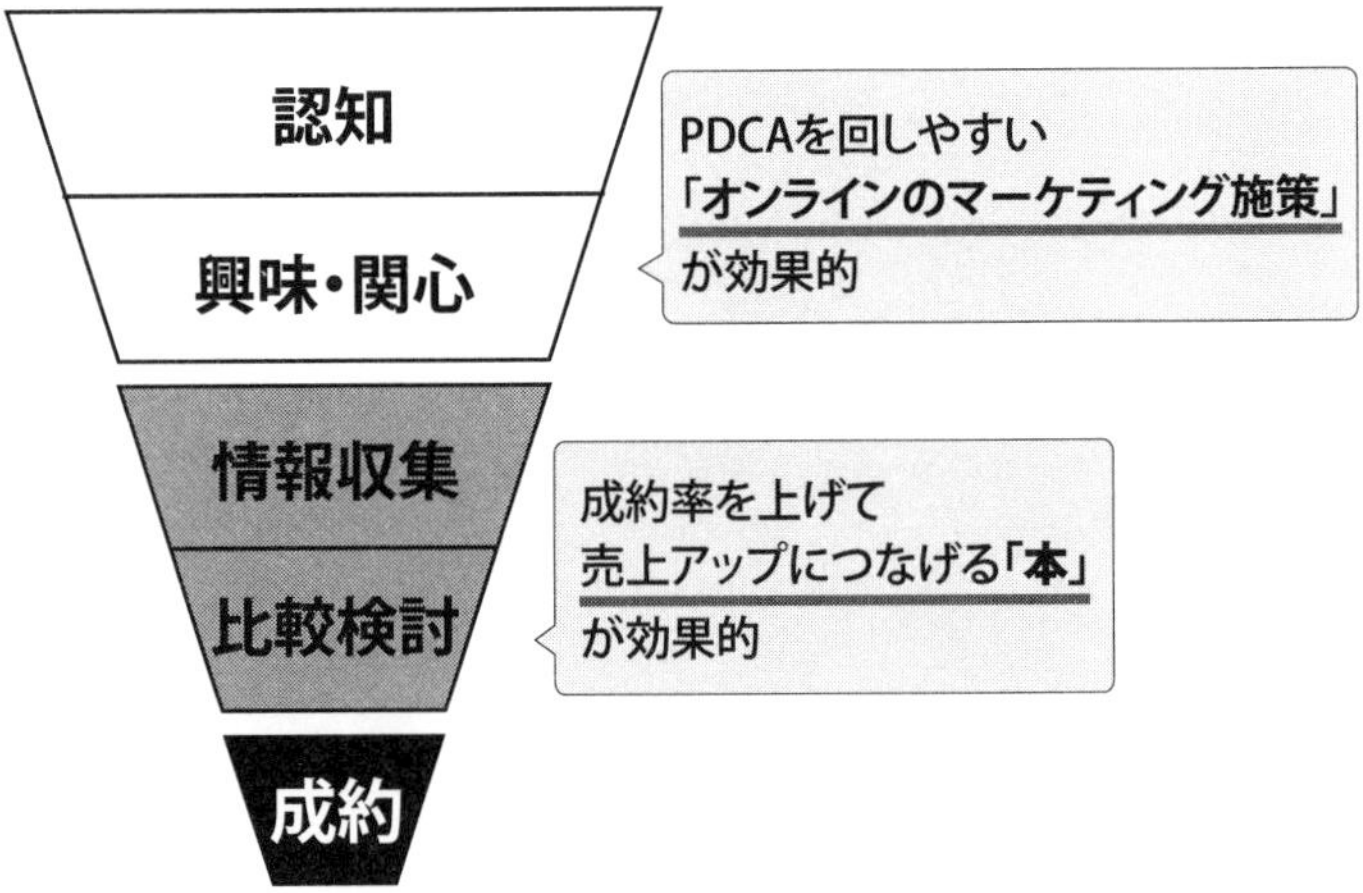
認知
興味・関心
情報収集
比較検討
成約
PDCAを回しやすい
「オンラインのマーケティング施策」
が効果的
成約率を上げて
売上アップにつなげる「本」
が効果的

経営課題を解決するための手段として利用されるものであり、決して周年事業の記念に作るものや社長の自伝ばかりではありません（もちろんそういうケースもあります）。

取り組んでいる企業もまだ決して多いとは言えませんが、だからこそ一度、経営課題が企業出版で解決できないのかについて考えてみてはいかがでしょう。

【Point】

企業を紹介するだけでなく、経営課題解決のために本を出版するのが企業出版

出版目的は多種多様、あなたの会社の出版目的を選択しよう

ＩＴサービスやベンチャー企業が出版に取り組み始めている⁉

経営課題の解決のための企業出版をおすすめしてまいりましたが、どんな企業にも役立つ手法かと聞かれればそうではありません。

実際、これまで多種多様な業種業態の企業のお手伝いをしてまいりましたが、費用対効果から考えるとお役に立てるケースもあればそうでないケースがあったのも事実です。

ここでは、特にご要望の多い売上アップを目的とした場合に、どんな企業のお役に立ちやすいかについて解説します。

【企業出版が役立つケース①】無形商材

まず、無形商材を扱う企業であれば企業出版がお役に立てるケースが多いです。というのも、有形商材はどうしても利益率が低く、価格勝負となりやすいために、数を売る戦略を取ることが多いためです。

一方、無形商材は目に見えない価値を感じてお金を払ってもらう必要があるため、その価値を感じてもらうための情報を伝える必要があります。

この情報を分かりやすく伝えるために本は非常に効果的なのです。

もちろん、有形商材であっても唯一無二の商材で利益率が高いケースや、コンサルティング提案など付加価値を高めて販売している企業であれば、企業出版との相性はよいと言えるでしょう。

【企業出版が役立つケース②】B to B 事業者

B to C 事業者よりもB to B事業者の方が企業出版は効果を発揮しやすいです。どうしても B to B 事業者は意思決定プロセスが複雑になりやすく、また、最終的には経営者が判断するケースも少なくありません。

企業によっては情報を集めるのが若手社員の役割で、意思決定のみ上司や経営者が行うケースも多いですが、経営者は読書家の人も多く、本が説得材料となるケースも想定できます。

また、ノウハウやこれまでの実績は、営業の場面では時間的になかなか伝えきれないケースも多いはずです。

会社案内やサービス資料はなかなか細部まで読んでもらえませんが、一冊の本であれば読んでもらえる可能性が上がります。

また、展示会に出展するB to B事業者であれば本はかなり強力な営業ツールになります。

本と交換する形で、自社サービスに興味を持ってくれた方の名刺もいただきやすくなりますし、パンフレットや会社案内に比べて価格の記載のある本は捨てられにくいという特徴があります。

遠方から来た来場者が帰路の新幹線の中で読んで興味を持ってくれる、そんな本づくりを目指すのもよいでしょう。

【企業経営が役立つケース③】高額商材

企業出版のプロジェクトはおおよそ半年から1年ほどの期間を要します。

これだけの期間（労力）がかかり、それに加えて費用も掛かることを考えると、あまりに低価格の商材では割に合わなくなってしまいます。

それこそ、本の価格であるおおよそ2000円未満がメインの商品の販売価格であれば、企業出版で売上アップを狙うより、商品そのものの広告を出した方が労力や費用も安く済んでしまう可能性が高いです。

一方、仮にB to C事業であっても大学受験予備校や住宅販売など、比較的高額な商材を扱う事業者であれば企業出版との相性はよいと言えるでしょう。

ここでは売上アップを目的とした場合に絞って解説したために、

・無形商材
・B to B事業者
・高額商材

がお役立ていただきやすいと紹介しましたが、例えばブランディングや人材採用、教育を目的にした場合には上記の条件に当てはまらなくても全く問題ありません。

ちなみに、最近はホームページ制作会社やウェブマーケティング会社、ウェブコンサルティング会社などＩＴサービスを提供する会社の企業出版が増えてきているように感じています。

これはマーケティングは自社でできているものの、売上をさらに伸ばすところに課題があると感じている企業が出版に取り組み始めているためと考えられます。

実際、ＩＴサービスを提供している会社が何が得意であるのか、どんなノウハウを持っているのかはなかなか分かりづらいと感じます。

結果的に、価格が安いところや営業が熱心な会社に発注をして失敗してしまうといった経験がある経営者は多いはずです。

そんな経営者をターゲットとして、ノウハウや成功事例などをまとめた本を手渡したらいかがでしょう？

この会社にお願いしたらうまく行くのではないかと検討するストーリーが想定できます。

あなたの会社ではどのような本を出版すれば成約までのボトルネックを解消できるのかについて、一度考えてみてください。

【Point】

無形商材、高額商材、ＢtoＢ事業者は企業出版がハマる

企業出版に取り組むＩＴサービスの企業が増加傾向

本を出版するだけでは売上は上がらない

先ほど、売上アップを目的とした出版と相性のよい企業の特徴として

・無形商材
・B to B 事業者
・高額商材

を紹介させていただきましたが、これらの条件に当てはまるからと言って、出版が必ずしも効果を発揮するというわけではありません。

また、本は即効性があるものではありませんし、出版と相性がよい企業であっても、

・誰を読者ターゲットにするか

・どんな本を出版するか
・出版後どう使うか

といった戦略をしっかりと考えておかなければ目に見える効果を期待することはできないのです。

これは企業出版に限った話ではありませんが、これだけやればすぐに売上がアップするという特効薬はなかなか存在しませんし、一時的に存在したとしてもそうした手法はすぐに広まって真似され、時が経つにつれて効果を発揮しなくなってしまうものです。

実際、一時期の検索連動型の広告やフェイスブック広告でもこの現象がよく聞かれ、導入時期はライバル企業で取り組んでいる企業が少ないこともあり、比較的早期に売上アップという結果につながる時期があったものの、徐々に広告単価が上がっていくという結末になりました。

現在は出稿すればイコール効果が上がるというものでもなく、うまく費用対効果を得られている業種や企業と効果を発揮できていない業種や企業に分かれてしまっているようです。

売上アップを目指した企業出版も同様で、出版して売上アップにつながる企業とつながらない企業が存在しています。

企業出版は数百万円単位で費用が掛かるのが一般的ですから、一冊目でうまくいかなければ次も試そうという意欲は激減してしまうことが想定されます。逆に、

売上アップにつながる
↓
次の企業出版に取り組む
↓
売上アップにつながる

といったサイクルを実現することができれば、出版を軸とした成長モデルを実現することが可能になります。

是非、次章以降で売上アップにつながる企業出版のポイントを取得していってください。

【Point】

売上アップにつながらない企業出版も多い

売上アップの戦略を立案してから取り組もう

COLUMN
コラム

業歴・ノウハウがあることは大前提

当たり前の話ですが、企業出版に取り組む際にはそれなりの業歴や専門性、ノウハウがあることが前提になります。

これは、企業出版に限った話ではありませんが、例えば同業他社が１００社あって１００社の中で一番サービスの品質が悪いという状態では、いくらマーケティングや営業を頑張ったところで売上につながるのは難しいと言えます。

この場合は、まずはしっかりとサービスを作り、そのサービスを知人や紹介営業で低価格で体験してもらって、経験を積んでサービスを磨き上げていくことが大切です。

企業出版では経験してきた実績やノウハウを読者に伝えていくことになりますが、あまりにも業歴が短かったりノウハウが素人でも知っているような内容になっていると却ってマイナスプロモーションになってしまいます。

企業出版はあなたやあなたの会社の本質を分かりやすく伝えることに長けていますが、逆に言えば本質以上のように見せることは難しいものと考えましょう。

第二章

ターゲティングが第一歩！
売上アップのための企業出版戦略

これまで、そもそも企業出版という手法を知らない方を対象にして、「こんな使い方もあるんだ」「うちの会社でも少しだけ検討してみたい」と思っていただくために出版のメリットを中心に、相性のよい企業の特徴などを紹介させていただきました。

また、実際に取り組んだ場合には、企業出版が成長サイクルの軸となる可能性がある一方で、失敗して一冊本を出版しただけで終わってしまう企業もあることをお伝えしました。

ここからは、売上アップを目的とした企業出版に取り組む際に大切なこととして、第一章で紹介した

・誰を読者ターゲットにするか
・どんな本を出版するか
・出版後どう使うか

について、より深堀りして具体的なノウハウとして紹介していきます。

なお、二章は企業出版を成功させるための基本となる考え方についてまとめており、三章以降では二章の内容を理解したことを前提として話を進めていきますこと、ご留意くださいませ。

まずは読者ターゲットをしっかりと選定しよう

本書を読んでいる方は勉強熱心な方が多いでしょうから、きっとマーケティングに関する本も読んでいることと思います。

マーケティングに関するビジネス書を読んでいると、ペルソナという文字を目にすることが多いのではないでしょうか。

自社のサービスを買ってくれる可能性がない人に熱心にアピールしても労多くして功少なしとなってしまいますし、マーケティング活動においては最初にペルソナ設定をしっかりと定めることが定石とされています。

企業出版に取り組む場合もペルソナ設定は大切ですが、まずは一般的なペルソナ設定の方法や考え方をおさらいしておきましょう。

ペルソナを設定する際にはいろいろな方法がありますが、一番わかりやすくシンプルなのは既存顧客から考える方法でしょう。既存顧客の中から理想的な取引ができている顧客を見つけ出し、共通項を考えながら設定するという方法です。

既存顧客から考えることによって、自社の商品やサービスと相性がよく、取引につながりやすい顧客像をまとめることができます。

こうしてできるペルソナ設定は例えば次のようなものになります。

企業のペルソナ設定の例

基本情報

社名　　　　　：●×オフィスシステムズ株式会社
所在地　　　　：東京都新宿区
資本金　　　　：１０００万円
従業員数　　　：１４０名
事業内容　　　：コピー機やプリンターなどのＯＡ機器やセキュリティ対策商品のレンタル・リース・販売
売上高　　　　：30 億円
決算月　　　　：３月末
企業のミッションや課題など：

１９９０年にコピー機のリース、保守事業で創業した後、順調に業務を拡大。

社員教育にも力を入れ、新卒採用も毎年実施。

営業力を強みとして、少しずつ商材を増やしながら拡大してきた。

ただ、昨今は価格競争が激化し始めたこと、またこれまではテレアポや紹介営業によって新規顧客を獲得してきたものの、企業側が自身で情報を調べて問い合わせするケースが増えてきたため成長が鈍化してきている。

まもなく経営者が２代目のご子息にバトンタッチする予定で、創業者である現社長が少しずつ現場を離れつつある。

人のペルソナ設定の例

（決裁権のある担当者 or 経営者）

基本情報

氏名　：山田一郎

年齢　：48

性別　：男性

所属部署　：経営企画室

役職　：経営企画室長

勤続年数　：12 年

決裁権の有無　：あり（ただし、５００万円を超える場合には創業者である社長決裁が原則）

業務上の課題・目標：

２代目として経営者に就任予定ではあるものの、会社の成長率が鈍化している点や既存の営業手法が通用しなくなってきていることが少し気がかり。

情報収集手段　：新聞・ニュース (TV・ネット)・本

人物の特徴や家族構成：

４人家族で新卒で務めた会社の同期と結婚。

現在、小学生（息子）と中学生（娘）の父親でもある。

現在の会社に入社する前は、大手コンサルティング会社に勤めていて優秀な成績を上げていたこともあってプライドは高い。

休みの日は会社の同僚や取引先、学生時代の友人とゴルフに行ったり家族サービスでテーマパーク等に行くこともある。

上記のようなペルソナ設定があれば、チームでマーケティングに取り組む際にもイメージを統一することができますし、ペルソナをイメージしてどのような行動パターンを取るのかを考えることで効率的なマーケティング活動を実施することが可能となるでしょう。

こうした、ペルソナ設定に取り組んでいる企業は当然多いと思いますし、効果も発揮しやすいと考えることができます。

ただ、企業出版での読者ターゲットを考える際にもマーケティングの際に考えたペルソナ設定のままでよいのかというと必ずしもそうとは限りません。

結果としてマーケティングの際のペルソナ設定＝読者ターゲットとなることもあるのですが、どのように売上アップを実現するかによって読者ターゲットが変わる可能性もあるのです。

（※わかりやすく区別するためにあえて「ペルソナ」と「読者ターゲット」と使う言葉を分けています）

まずは次ページの図をご覧ください。

購入に近い
顕在顧客

最初に取り組みたい

A

顕在顧客×認知度高サービス

サービス自体は分かりやすいため
①他社との差別化　②専門性
を伝えることで
成約率を上げる本づくりを目指す

注意点

会社案内になってしまわないように注意。
売れる本よりも成約率アップ＝売上アップ
の本であることを意識する。

↓

高

会社やサービスの認知度

認知度は高いが、特定の理由で
断られることが多い場合などに、
ボトルネックを解消する本づくり
を目指す
展示会での配布や失注客などへ
の配布が効果的

注意点

潜在顧客の掘り起こしやニーズ喚起が
目的のため、買ってもらうことよりも
配布することを前提としたほうがよい。

B

C

読者の
検索キーワードを考えて
ニーズに応える本づくりを目指す
読者の課題を解決してあげる本

注意点

ニーズを深堀りして、月間検索数などから
キーワードを選ぶ。特に、深い悩みやいま
知りたいことを解決できることが大切。
マス向けは避け、多少ニッチな分野の方がよい。

低

リード獲得のための電子書籍展開が相性が良い
ニーズよりもウォンツに重点を
置いた本づくり
ウォンツに到達するまでの
課題を明確にしてあげる

注意点

認知度が低い＆潜在顧客を集めたい
場合は、本を出版するよりもWEB広告で
リード獲得などをした方が効率が良い
可能性もあるので注意が必要。

D

購入に遠い
潜在顧客

こちらは売上アップのための企業出版の読者ターゲットを決めるためのグラフで、顧客のニーズの度合いを縦軸に、会社や会社が提供するサービスの認知度を横軸に取ったグラフとなっています。

上部半分はニーズが高い顧客（＝顕在顧客）で下部半分は「今はタイミングではない」「そもそも必要がない」といった考えを持つ顧客（＝潜在顧客）となります。

また、右側半分はある程度会社やサービスの認知がある人を想定していて、左側半分は会社やサービスを知らない人となります。

ここでは

顕在顧客×認知度高＝Ａカテゴリー
潜在顧客×認知度高＝Ｂカテゴリー
顕在顧客×認知度低＝Ｃカテゴリー
潜在顧客×認知度低＝Ｄカテゴリー

としておきます。

結論から申し上げますと、そもそも売上アップのための企業出版では右側半分の人を読者ターゲットに設定するべきです。

なぜなら、売上アップを目的とした場合、できる限り成約に結びつきやすい施策から始めるべきであり、そのためには会社やサービスを知らない人よりも、知っている人を読者ターゲットにした方が効率がよいためです。

右側半分の人を読者ターゲットに設定したら、次はその中でどれぐらいの見込み度合いの人を読者ターゲットに設定するか決めていきます。

グラフで見ると、Ａカテゴリーか B カテゴリーのどちらの人を読者ターゲットにするかという話です。

これは、会社の現在の状況で考えるのがよいでしょう。

例えば現在、想定通りの成長が実現できていて、特に大きな悩みはなくさらに規模を大きくしていきたい、成長を加速していきたいということであれば読者ターゲットは顕在顧客であるＡカテゴリーの人になります。

Ａカテゴリーが属する上部半分はマーケティングと同様のペルソナ設定となるケースが一般的で、理想的な既存の顧客から典型的な顧客像（ペルソナ設定）を考えて、読者ターゲットに設定すればよいでしょう。

一方、現在成長が鈍化していたり、成約までのボトルネックがあるという場合であれば、読者ターゲットは下部半分のＢカテゴリーに設定した方がよいでしょう。

Ｂカテゴリーの読者ターゲットは既存顧客から考えるよりも、むしろ失注顧客から考えた方が売上アップにつながりやすくなります。

Ｂカテゴリーは右側半分に属しているため、マーケティングの成功等によって自社あるいは自社サービスをお伝えしたり商談ができる環境にありながら「何か」が理由となって成約につながらない顧客です。

そのため、その「何か」を本で解決することができれば売上アップにつなげやすくなります。

失注という結果が出ているわけですから、最初から興味がなくて商談すらしていない顧客ではなく、商談までは実現するものの最終的に失注となってしまう顧客で、この顧客が売上アップのカギを握っています。

以上のように企業出版で売上アップを実現するには会社の現在の状況を考えて

・理想の顧客の取引開始理由を参考にして、取引数を増加させるための本を出版する（Aカテゴリー）

・マーケティング活動で集客した人の中で成約に至らない人を成約に変える本を出版する（Bカテゴリー）

という2つのストーリーをイメージして読者ターゲットを決める必要があります。

ここを間違えてはいけません。

大切なので再度お伝えします。

・理想の顧客の取引開始理由を参考にして、取引数を増加させるための本を出版する

・マーケティング活動で集客した人の中で成約に至らない人を成約に変える本を出版する

どうでしょうか？
イメージできるでしょうか？

失注客を読者ターゲットとして考える際には失注理由も考慮しよう

ここまで解説してきました通り、典型的な顧客を集めるのはマーケティングの役割であり、そのマーケティング活動を通じて集まった顧客を成約へと結び付けていくのが企業出版の役割というイメージです（※もちろん、その過程で営業活動は必要になります）。

成長過程であればAカテゴリーを読者ターゲットとした本の出版が有効ですが、ここではBカテゴリーを読者ターゲットに設定した場合について、さらに掘り下げて解説していきます。

というのも、Ｂカテゴリーの読者ターゲットは失注客から考えるケースが多いのですが、顧客属性に加えて、どういう理由で成約に至らなかったのかを考えることで、より売上アップにつながりやすくなるのです。

例えばあなたがウェブコンサルティング会社の経営者で、Ｂカテゴリーを読者ターゲットにした本の出版を想像してみてください。

この場合は失注客を見つめ直すことがおすすめですが、見つめ直した結果、Ｐ56のような顧客像を前提とすることになりそうです。

Ｐ57のペルソナ設定でも書かれていますが、社歴が30年程ある企業だと社長が創業者から息子など次世代にバトンタッチする段階となっていることは多く、新規顧客を開拓する手法としてウェブマーケティングをはじめとしたオンライン施策の導入を検討するのは自然な流れとも言えます。

ただ、大切なのはその先です。

顧客像だけではなく成約に至らない理由を整理していきましょう。

きっと

「タイミングではない」
「費用面で難しい」
「うちの会社、商材とは合わない」
といった成約に至らない理由があると思います。

この理由を知ることで成約のボトルネックが明確になります。

注意点としてはできる限り「一人こういう見込み顧客がいたから」とするのではなく、「このような理由で断る顧客がかなりの人数いたから」とすることでより成功率をアップさせることができます。

この失注理由を検証するという過程を経ることによって読者ターゲットはかなり明確になります。

この過程を経ることによって
・マーケティング活動で集客した人のうち、成約に至らない人を成約に変える
　という目的で
・P56のようなペルソナ設定で、なおかつ「うちの会社、商材とは合わない」と考えてい
る人
を読者ターゲットに設定した本を出版するという方向が決まりました。

どうでしょう？
どういう本を出版すればよいのか、少しイメージができてきたのではないでしょうか？

【Point】
企業出版の読者ターゲットは
・既存顧客から考える典型的な顧客
・失注客から考える典型的な顧客

の2パターンを基本に考えよう
後者の場合は失注理由を考えること

どんな出版企画にするのかが売上アップの生命線

誰を読者ターゲットにするかを考えたら次は出版企画について考えていきます。

出版企画というと少し難しそうだなと思われるかもしれませんが、読者ターゲットが明確になっていれば実はそこまで難しいものではありません。

むしろ、どんな本を出版すればよいのかわからないと思った場合にはまだ読者ターゲットが明確になっていない可能性があると考えてください。

その際は設定した読者ターゲットに再度立ち返って考えてみましょう。

ここで、読者ターゲット選定の際にも利用したグラフを再度見てみましょう。

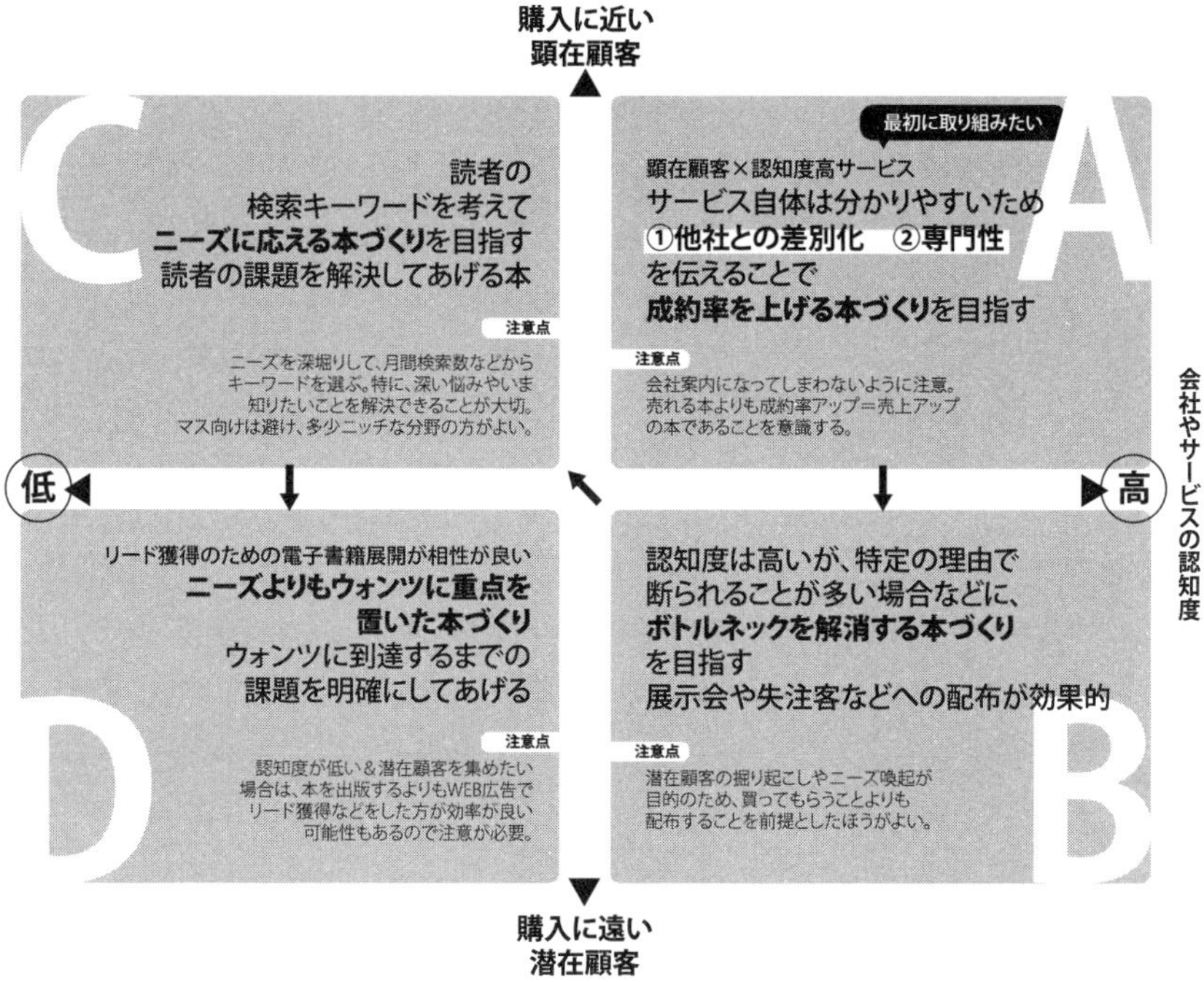

購入に近い
顕在顧客
C
読者の
検索キーワードを考えて
ニーズに応える本づくりを目指す
読者の課題を解決してあげる本
注意点
ニーズを深堀りして、月間検索数などから
キーワードを選ぶ。特に、深い悩みやいま
知りたいことを解決できることが大切。
マス向けは避け、多少ニッチな分野の方がよい。
A
最初に取り組みたい
顕在顧客×認知度高サービス
サービス自体は分かりやすいため
①他社との差別化　②専門性
を伝えることで
成約率を上げる本づくりを目指す
注意点
会社案内になってしまわないように注意。
売れる本よりも成約率アップ＝売上アップ
の本であることを意識する。
低
高
会社やサービスの認知度
D
リード獲得のための電子書籍展開が相性が良い
ニーズよりもウォンツに重点を
置いた本づくり
ウォンツに到達するまでの
課題を明確にしてあげる
注意点
認知度が低い＆潜在顧客を集めたい
場合は、本を出版するよりもWEB広告で
リード獲得などをした方が効率が良い
可能性もあるので注意が必要。
B
認知度は高いが、特定の理由で
断られることが多い場合などに、
ボトルネックを解消する本づくり
を目指す
展示会や失注客などへの配布が効果的
注意点
潜在顧客の掘り起こしやニーズ喚起が
目的のため、買ってもらうことよりも
配布することを前提としたほうがよい。
購入に遠い
潜在顧客

縦軸が顧客のニーズ、横軸が会社やサービスの認知度のグラフでしたね。

読者ターゲット設定の際にも利用したこちらのグラフを出版企画を立てる際にも利用していきます。

まずはAカテゴリーを読者ターゲットとした本の出版を考えた際の出版企画について考えていきましょう。

Aカテゴリーの読者は既存の理想の顧客から考えるのが一般的とお伝えしました。

では、理想的な既存の顧客を想定した場合、一体どのような出版企画がよいでしょうか。

この場合、経営者や会社の経歴を伝えて共感や信頼を得るようなコンテンツ、あるいは他社との違いや自社の強み、個性を伝えるようなコンテンツから出版企画を考えるとよいでしょう。

ファン化につながるようなコンテンツと言えばわかりやすいでしょうか。

仮にウェブマーケティングの会社が出版する場合で考えてみると、

・創業者はどんな経歴なのか
・他社との違い、独自の強みは何か
・特に力を入れているクライアントの業界について
・その業界がウェブマーケティングに取り組む際の注意点やありがちな失敗
・ウェブマーケティングで失敗する会社としない会社の違いは何か？

といったようなコンテンツを入れた出版企画を考えます。

会社案内にならないように注意は必要ですが、ニーズがある程度顕在化していて、自社や自社のサービスの認知度がある顧客を想定しているため、あとは「この人（会社）であれば信頼できるな」といったことを理解してもらえるような本づくりを心掛けるとよいでしょう。

美容室の集客支援に強いウェブマーケティング会社を読者ターゲットと仮定した企画を例として紹介しておきます。

【Aカテゴリーの企画例】

仮タイトル

なぜあの美容室はウェブマーケティングで成功したのか

キャッチコピーやサブタイトル

広告費０円で３か月で集客を仕組み化する方法

メイン読者ターゲット

開業して間もない美容室の経営者

サブターゲット

集客力に不安を抱える美容室経営者、美容室のマーケティング担当者

出版目的

美容室の集客方法に不安を抱えている経営者に、本を読むことによってプロのウェブマーケティング会社に集客支援を依頼したいと思ってもらう

内容

美容室のウェブマーケティングに強みのある会社であることを知ってもらい、ノウハウを掲載することで専門性をアピールした本にする。
また、開業間もない美容室を想定しているため、開業時の集客がいかに大切なのか、そして集客をウェブマーケティングを駆使して仕組み化しておくことが事業の成否のカギを握っていることについても解説する。

出版後の使い方

本の無料プレゼントのランディングページを用意してフェイスブック広告やリスティング広告に出稿する
問い合わせなどをしてくれた見込み顧客との商談時にお渡しする
開業したばかりの美容室にチラシと本を同封して郵送する

目次と内容例

はじめに

創業して間もない美容室の経営者がやるべきことを簡単に説明する

第一章　美容室は初回客の獲得が大切

あるある話を中心に共感の獲得を狙う。

いくら腕がよくても初回客を獲得することができなければ経営は安定しない。

集客に真剣に取り組まなければいけないということを決心してもらう章。

第二章　間違いだらけの美容室の集客

初期は広告費をかけて集客をするのもしょうがないという印象を持っている美容室の経営者は多いかもしれないが、それを当たり前にしているとずっと広告費をかけ続けなければいけなくなる。

美容室の経営者がよくとりがちな行動で、なおかつ失敗につながりやすいパターンを紹介する。

ウェブマーケティングだけではなく、美容室経営にも詳しいということをアピールする。

第三章　属人性を減らし仕組み化

労力、能力といったヒトの力に頼って仕事をしていた場合、そのヒトがいなくなるというリスクがある。

ヒトに頼るのではなく、仕組みを作り上げることが経営を安定させ、再現性のあるビジネスへとつながっていくことを理解してもらう。

第四章　集客を仕組み化することで事業展開が楽になる

いよいよ実際のウェブマーケティングのノウハウに関する章で、読者の「なるほど」「その手があったか」「この方法を試したい」という気持ちを高ぶらせるための章。

事例も豊富に掲載することでより理解してもらいやすくなる。

第五章　店頭（オフライン）の施策とオンライン施策

ウェブマーケティングはオンライン上での施策に終始するが、オフラインでの施策を絡めることでより効果を得やすくなることを紹介する。

読者に、店頭での施策とオンラインの施策を実行していることをイメージしてもらえるようなコンテンツを目指す。

第六章　私が美容室のウェブマーケティングに取り組んだ理由

創業者の簡単な経歴を紹介しながら、なぜ美容室に強みのあるウェブマーケティング会社となったのかについて紹介する。

信頼や共感を獲得し、ウェブマーケティングを依頼するのであればこの会社にお願いしたいと思ってもらえるような章にする。

（※第六章は第一章としてもよいかも！？原稿でき次第要検討！）

あとがき

再度、「はじめに」で紹介したストーリーにつなげる形で読者ターゲットへの応援メッセージを記載。

次にBカテゴリーを読者ターゲットとした本の出版を考えた際の出版企画について考えていきましょう。

Bカテゴリーの読者は「何か」が理由となって商品やサービスが必要ないと考えている失注客を想定するのが一般的でした。


例えばどんな失注理由があるでしょうか?

「お金がない」

「タイミングではない」

「担当者ベースではよいのだけど上司や社長が納得しない」

「取り組む時間がない」

「他社と比較して高かった」

「もっと安いサービスで十分だ」

いかがでしょうか?

失注理由を見ていくと様々な理由が出てきます。

まとめると
「そもそも必要がない」
ということになってしまうのですが、失注理由を見つめ直して自社のサービスの必要性を理解してもらえるような出版企画を考える必要があります。

今回は、ホームページ制作会社が企業出版に取り組む場合を例にして考えてみましょう。ホームページ制作は複数社で相見積もりを取られることが多く、また無料のサービスや安価でホームページ制作ができるツールやサービスも多数あります。

それなりに手が込んだデザインのホームページがつくれるとしてもライバル会社が多くて価格競争が激しい業界です。そのため、失注理由として「費用が他社と比べて高い」と意思決定をする経営者が、ホームページにそこまでの価値を見出していないケースが散見されたとします。

この場合は意思決定をする経営者にホームページの大切さを伝えられるようなコンテンツを考える必要があります。

例えば
・ブランディングの大切さ
・特定の業界の集客のコツ
・売上アップを実現している会社は何をやっているか
・小さくても採用に強い企業の特徴
・プル型の営業を実現する方法とは
といった内容です。

ポイントは、ホームページ制作についての本にするわけではないというところです。

あくまでもホームページ制作は手段であって、大切なのは経営者が何を目的に発注するのかを考えて訴求することです。
・採用活動を円滑に行ったり、採用費用を削減するため
・ホームページからの集客を実現して売上アップを実現するため

・高級感のあるブランドイメージを確立してサービスの提供価格をアップするため

など、様々な目的があると思いますが、ホームページ制作で１００万円は高いと思われたとしても、達成したい目標や解決したい課題のための１００万円であれば安いと考えてもらうことはできるはずです。

簡単に言えば、採用や売上アップにつながるマーケティングのノウハウをお伝えし、うちのホームページ制作はそれが実現できますという伝え方をするわけです。

本でしっかりとホームページで実現できることをお伝えすることができれば「費用が他社と比べて高い」とはならず、「中長期的に採用や広告費が削減できるとなれば安い」と考えてもらえることにつながっていきます。

今回はホームページ制作会社の中でも特に採用サイトに強いホームページ制作会社の出版企画例を紹介します。

【Bカテゴリーの企画例】

仮タイトル

中小企業の採用はブランディングが９割

キャッチコピーやサブタイトル

求職者の感情はこう動く！採用を効率化する採用サイト戦略

メイン読者ターゲット

中小企業やベンチャー企業の経営者

サブターゲット

採用担当者や広報担当者

出版目的

他社との比較や費用面から考えて必要ないと思っていた経営者に、中長期的な計画を考えるとむしろリーズナブルであるということを理解してもらう。

内容

採用サイトを作ろうといったメッセージ性が強いと、そもそも必要性を強く感じていない経営者に読んでもらいにくくなる。

中小企業は採用ブランディングに最初に取り組むべきであること、そしてそのために採用サイトが重要であることをノウハウを交えて解説する。

現在はネットで情報を調べる求職者がほとんどなので、会社の顔となる見栄えのよい採用サイトを作りたいという気持ちを誘発するコンテンツを意識する。

出版後の使い方

これまでの失注客に配布して再度アポイントを取って商談につなげていく。

採用担当者や広報担当者に必要性を感じてもらうことができても、経営者の判断でＮＯとなることが多かったので、商談時に経営者に読んでもらってくださいと手渡して活用していく。

目次と内容例

はじめに

中小企業であっても採用がうまくいく会社とうまくいかない会社があるということをお伝えする。

読者に採用がうまく行っている会社は何をやっているのかを知りたいと思ってもらうことを目指す。

第一章　なぜ中小企業が採用活動で弱いのか

あるある話を中心に、読者ターゲットの悩みの共有、共感を目指す。

読者ターゲットの採用活動に費用がかかる理由はブランディングが実現できていないからなのでは？　と感じてももらう。

第二章　間違いだらけの採用ブランディング

採用ブランディングを知ってもらう。

採用したい人材はどんな人なのか、その人はどのように就職活動を行うのか、を想像していただきブランディングの必要性とそれを実現するために採用サイトのクオリティが大切であることを感じてもらう。

第三章　採用ブランディング実現の８エッセンス

採用サイトだけに限らず、採用ブランディングに必要なツールや考え方を幅広く紹介する。

例えば経営者自ら情報を発信することの大切さや、求職者から見た会社のイメージアップの方法についてもお伝えする。

採用サイト制作のプロとみられるよりも中小企業の採用活動に詳しい印象を読者に与えられればベスト。

第四章　なぜあの企業は採用ブランディングで成長したのか

事例を紹介しながら３年、５年後といった中長期的なことを考えた際に採用関連にかかる費用と労力、成功パターンをイメージしていただく。

中長期の計画を考えたときにまず取り組みやすく重要なプロジェクトの一つとして採用サイト制作（リニューアル含む）があることを理解してもらう。

第五章　採用ブランディング施策、７つのポイント

第四章までで採用サイト制作への興味を促し、第五章では具体的に作ろうと思った場合についての注意点や外せないポイントを紹介していく。採用ブランディングの初期段階で取り組むプロジェクトの一つとして検討してもらうことがポイント。

第六章　日本は中小企業の活性化が大切

ここまでで興味を持ってもらうことができている可能性があるため、最後に採用サイトの制作サービスが確立するまでのストーリーと想いを簡単に紹介する。この会社に頼めば大丈夫だなという安心感を与えることが大切で、あまり長くなりすぎないように注意。

あとがき

全体のまとめと、少し感情を入れて採用の課題解決に向けての熱い想いを伝える。

企業と企業の付き合いよりも、むしろ一緒に採用活動に取り組む戦友のような関係性をイメージ。

本を買ってもらおうとすると失敗する!? 配布をおすすめする理由

ここまで、Aカテゴリーの「顕在顧客×サービスや会社の認知度が高い」とBカテゴリーの「潜在顧客×サービスや会社の認知度が高い」という2パターンの読者ターゲットを対象とした場合の出版企画例を紹介してきました。

なんとなく、「うちならこんな出版企画を考えるべきなんだなぁ」とイメージしてもらえたら嬉しいです。

ただ、大切なのは本を作ることではありません。

もちろんそれも大切なのですが、出版後にどう使っていくかで成果が分かれます。

それこそ、同じ本でも出版後の使い方で成果には非常に大きな差が出ます。

例えば、コーポレートサイトの制作（リニューアル）を例にとって考えてみましょう。

初期段階では問い合わせを増やすことを目的として考えていたとします。

この場合、チャットボットを用意したり、問い合わせまでの導線がスムーズなコーポレートサイトを完成させる必要があるでしょう。

でも、見た目や細部に集中し始めるといつの間にか、かっこいいサイトを作ること、それ自体が目的となってしまっていることがあります。

その後スタイリッシュで見栄えのよいコーポレートサイトができれば、満足度が高くなってしまうのもうなずけますが、大切なのは問い合わせが増えるかどうかです。

いくらかっこいいコーポレートサイトができても誰も見てくれなければ問い合わせが来ることはありません。

そして、企業出版のプロジェクトでも同様のことが起きやすいのです。

本づくりのプロジェクトをしているうちに
「かっこいい装丁の本を作りたい」
「あのコンテンツもこのコンテンツも原稿に入れたい」
となって、結局本が出版された時点で
「よい本ができてよかった。一件落着」
となってしまうのです。

「あれ？　企業出版に取り組んだ目的ってなんだっけ？」

となりますよね。

弊社でお手伝いするクライアントもこうしたケースは少なからずあり、満足度は高いかもしれませんが結局成果が出なければリピーターとして利用してもらいづらいです。

企業出版もコーポレートサイトと同様、できた後こそが大切なのです。

とにかく読んでもらわなければ意味がない

「では、どうすれば？」という話に移る前に、本を読むときのことを考えてみてください。

あなたは書店で本を買って読むとき、どのような行動パターンを取るでしょうか？

今回は商談アポやセミナーへの参加など、本を読んだ後に具体的な行動をとるところまで想像してみましょう。

おそらく

・本を見つける

↓

・見つけた本を買う

↓

・本を読む

↓

・行動に移す or 移さない

といった行動パターンとなるはずです。

では、あなたが狙った読者ターゲットはこの行動パターンを取って最後の

・行動に移す

というところまですんなりとたどり着くでしょうか？

おそらくすごく難しい話だと思うはずです。

本は1日に200タイトルほど出版されます。

1か月ではなく1日でこれだけのタイトル数の本が出版されるわけですから、読んでもらいたい読者ターゲットにまず見つけてもらうことがどれほど難しいことであるか理解できるはずです。

そうなると「見つけてもらうために一生懸命宣伝しないといけないな」と考えるかもしれません。

もちろん、それは正しいかもしれませんが、やはり狙った読者ターゲットに見つけても

らうのは困難ですし、運よく目に入ったとしてもその後に買ってもらうという大きなハードルがあります。

ネットで無料で得られる情報があふれている今、１５００円～２０００円のお金を出してもらうというのは簡単な話ではないのです。

・見つけてもらうこと
・買ってもらうこと

が難しいとなると、その先の読んでもらうはおろか、行動に移すところまでたどり着くのはかなり至難の業となります。

では、どうすれば

・本を見つける
・見つけた本を買う

という2つのハードルを越えることができるでしょうか？

これが、本を配布して使うという方法です。

配布は、営業活動の際に手渡すだけとは限りません。

・検討中の段階の顧客に郵送する
・過去に失注となった失注客に郵送する
・ウェブ広告を出稿して無料プレゼントキャンペーンを実施する
・想定した読者ターゲットの法人リストを入手して本をＤＭ送付する

といった施策を考えて実行していきます。

あくまでも買ってもらうのではなく配るというところがポイントです。

見込み顧客や失注顧客、場合によってはウェブキャンペーンやＤＭで配布することによって

・本を見つける
・見つけた本を買う

という２つのハードルをまず越えることができます。

また、読者ターゲットの興味や関心と一致する出版企画であれば次の段階の
・本を読む
というハードルもクリアできる可能性は高く、仮に読んでもらうことができなかったとしても1500円～2000円程度の本をもらったという印象が残ります。

営業でよく使われる心理効果の一つとして返報性の法則というものがありますが、人は何かをしてもらうと「こちらも何かお返しをしないといけないな」という気持ちが起きやすくなるものです。

配布して読んでもらうことができれば一安心というわけではありません。
最後の
・行動に移す or 移さない
という段階が残っています。
そして、ここもまたハードルが高いのも事実です。

これまであなたが本を読んだ後にどんな行動をとってきたのかイメージしてみてください。

おそらく、本で読んだ内容を参考にしながら自身でできることから行動に移していったという経験はあるかもしれませんが、

・問い合わせをした
・セミナーに参加した

といった、成約につながるような行動をすぐにとったというケースは必ずしも多いわけではないはずです。

実際、本を読んでその著者に連絡を取るというのはハードルが高く、せいぜい本の中に無料で配るダウンロード資料の告知などを入れておいて、ダウンロードしてくれた人をリスト化していってその後のセミナーや商談の案内を行うという流れが一般的です。

実際、私も本の中に記載されているＱＲコードを読み込んで資料をダウンロードしたという経験はあります。

もちろん、私も経験がありますし、本を読んでくれた方は非常に優良顧客になりやすい見込み客ですから、書籍内に資料ダウンロードのＱＲコードを記載することはおすすめします。

でも、配って使っていることを前提とした場合、すでに配った人の連絡先を知っているケースがほとんどです。

ですから、読み終わった頃か渡したタイミングで商談のアポやセミナーへの参加を促してみましょう。

特に商談のアポが取れると、商談の日までに本を読んでくれているケースも多く、成約の可能性がかなり高まった状態で打ち合わせをすることが可能になります。

いかがでしょうか？

本を買ってもらうことを目的としてただ本を出版する場合に比べて、最初から配って使うことを前提とした場合の方が結果として売上アップにつながりやすくなることをイメージしていただけたでしょうか？

本を知ってもらい、買ってもらうために広告やウェブマーケティングに費用をかける企業もいますが、必ずしもおすすめはできません。
そうした費用は興味がある人のリスト獲得に回して、獲得したリストに本を配って読んでもらい、連絡を取って行動してもらうという施策を考えてみてはいかがでしょう。

【Point】

見つけてもらうことは難しい
買ってもらうことはさらに難しい
配布して読んでもらい、その後連絡して売上につなげていこう

本の売上よりもビジネスにつなげることが最優先

本書では、売上アップを実現するための企業出版をテーマにしているため、読者ターゲットを明確に定めた戦略をお伝えしてきました。

また、本を配って使うことを前提としており、ベストセラーのようにいわゆる「売れる本」については考えていません。

これは、そもそもベストセラーを狙って出すことは難しいものであることも理由ですがそれだけではありません。

実は、B to B事業者にとってはなかなか「売れる本＝売上アップにつながる本」とはならないのです。

これは、読者層を考えてもらえれば理解できるかと思います。

B to B 事業者の場合は、意思決定者である経営者、もしくは決裁権を持つ人を説得することが至上命題であり、売上アップを狙う場合は当然そうした方を対象にした本が効果的と言えます。

一方で、「売れる本」というのはどんな本でしょう。

多くの場合、社長ではなくマス層に向けた本です。

例えば、投資やお金に関連するコンサルティング事業を営んでいる場合について考えてみると、経営者を対象にした場合は、

・会社にお金を残す技術

といった本になるかもしれません。

でも、売れる本を狙うとすれば読者層を広げなければならないので

・初心者からはじめる！　月1万円から老後資金を用意する方法

といった本になります。

最近では、フリーランスなどを含めた自営業者が増えてきていますが、それでもまだ会社員として働く人が多いです。

もともとベストセラーを狙って実現することが難しいという理由もありますが、BtoB事業者が売上アップを狙うためにはマスに売れる本とは少し違った考え方が必要になります。

売上アップのためにはベストセラー狙いではなく、経営者をはじめとした意思決定者向けの本を出版することがおすすめの理由、わかっていただけたでしょうか。

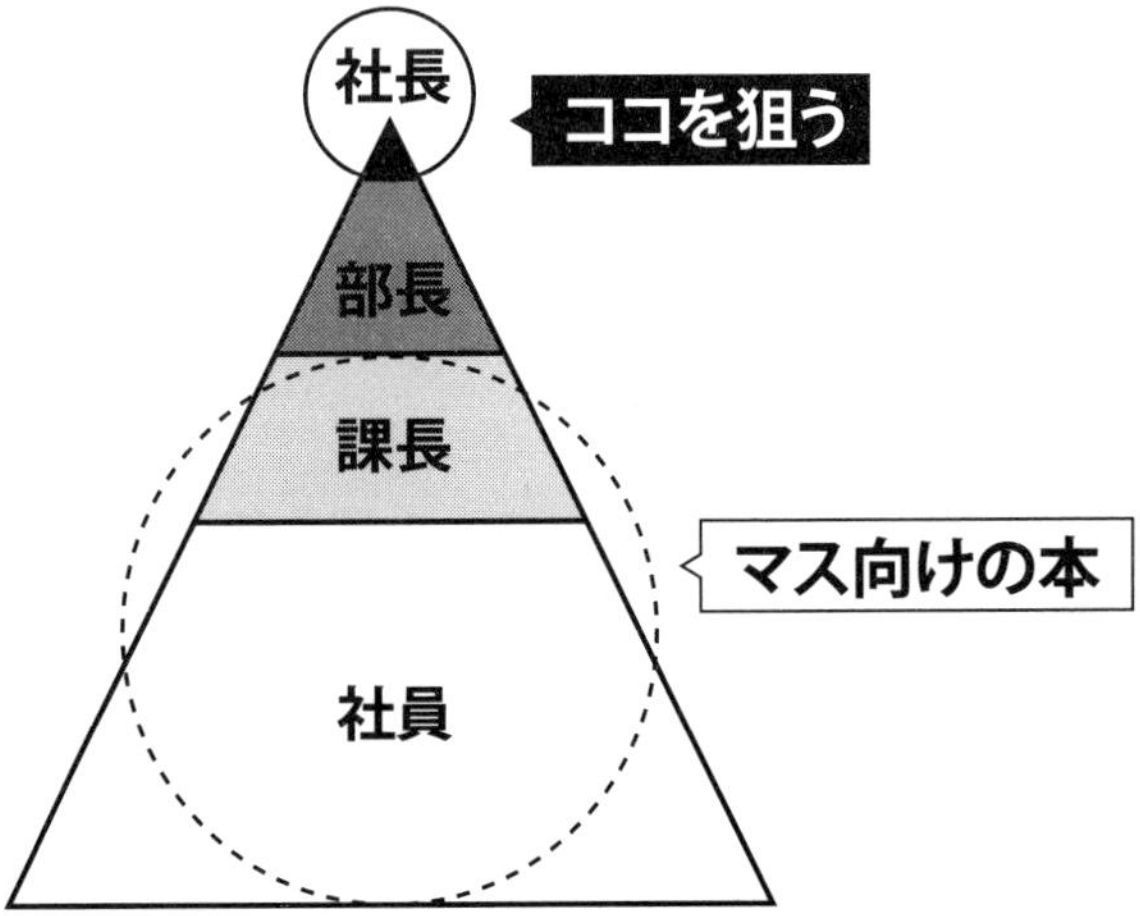

【Point】

ベストセラーを狙って実現するのは難しい

本の売上よりも本業の売上アップを第一優先に考えて経営者向けの本を出版しよう

経営者向けの本を作るために

経営者向けの本を作ろうと考えた場合、企業出版のプロジェクトは誰を中心に進めていくべきでしょうか？

これは、やはり経営者が中心となって進めていくことをおすすめします。

広報担当者や営業職の社員も出版プロジェクトに参加していただくことで色々な発見がありますし、是非参加していただきながら進めるべきではあると思いますが、やはり経営者の気持ちは経営者がよく分かります。

営業される側の気持ちも理解していますし、そもそもサービスは意思決定者である経営者に寄り添って共感してもらって初めて仕事を獲得できるものです。

言い方が適切ではないかもしれませんが、どれだけ社員が反対しても経営者一人が提案に賛成して「やる！」と決めれば仕事の受注につながるでしょう。

それに加えて、本に掲載するコンテンツは経営者の考え方やキャラクターを伝えるようなものも多いですし、効率的にプロジェクトを進めていくためにはトップダウンで進めた方がよいという事情もあります。

経営者は例外なく忙しいものですから
「本を出版することにしたから、あとはよろしく！」

としたい気持ちもわかります。

でも企業出版については、経営者主導が鉄則です。

第三章でも紹介しますが、ライターを利用するなどして効率的に出版する方法もありますので、是非この鉄則を覚えておいてください。

【Point】

経営者、意思決定者向けの本が前提の企業出版プロジェクトは経営者主導ですすめましょう

まずはAカテゴリーの本から！
成長を加速させる出版戦略

売上アップのための企業出版では、

・ニーズが顕在化していて自社や自社のサービスを知っている顧客（P60の図のAカテゴリー）

・自社や自社のサービスを知っているが必要性を感じてくれていない顧客（P60の図のBカテゴリー）

を読者ターゲットに設定して本を出版することをおすすめしました。

ここでは企業出版を成長戦略の軸として、中長期で活用していく場合について解説していきます。

まだ一冊目の本すら出版していないのに「中長期の戦略と言われても…」と困るかもしれませんが、中長期で考えておくからこそ最初の一冊がイメージできることも多いので是非イメージしながら読んでいただければ幸いです。

まず、最初の一冊として取り組むのは何といってもAカテゴリーを読者ターゲットに設定した本です。

このAカテゴリーの本は、自社の専門性や強みを伝えることを目指す本であり、それが実現できることでさらに成約率アップ（＝売上アップ）を期待することができます。

もともとニーズが顕在化している顧客を読者ターゲットに設定しているため、売上アップが非常に実現しやすいというところもポイントです。

マーケティングにおいての定石でもありますが、まずは取り組みやすく成果のあがりやすい施策を実施するというのが企業出版でもセオリーになります。

では、Aカテゴリーの本を出版した後はどうすればよいでしょうか？

実は二冊目もAカテゴリーの本の出版がおすすめです。

というのも、一冊の本だけではAカテゴリーに属する一部の見込み顧客だけが読者ターゲットになっている場合が多いためです。

例えば最初の一冊でベンチャー企業を読者ターゲットに設定したのであれば二冊目は2代目社長が経営する会社に設定するというのもよいでしょう。

また、最初の一冊が社員数が10名以下の企業を読者ターゲットに設定していたのであれば、二冊目は50名ぐらいの企業を読者ターゲットにするのもよいでしょう。

もちろん、業種や業態を少しズラして展開するというのも効果的です。

その後、三冊目、四冊目であっても基本はAカテゴリーがおすすめです。

というのも、Aカテゴリーの本で売上が伸びていくのであればそのまま伸ばしていくことが効率がよいためです。

でも、それが延々と続くということはまず起こりえないはずです。

もしそうであればとんでもない成長企業でしょうし、是非お取引をお願いしたいところです（笑）。

実際、私たちの会社でも、右肩上がりで伸びてきた成長が少し鈍化してきたという状態の会社や、競争が激しくて失注客のリストがたくさんあるという状態の会社から相談をいただくことが多いです。

言ってみればこうした会社はAカテゴリーの読者ターゲットがいなくなってしまったか、あるいはもともと接触するのが難しいという状態です。

こうなるとAカテゴリーを読者ターゲットとした本を出版しても、魚がいないところで釣りをするのと同じことになってしまいます。

この場合は、Bカテゴリーの本を検討する必要があります。

業種や業界によっては最初からBカテゴリーの本に取り組むという選択も必要ですが、基本はAカテゴリーの本から、というイメージで考えておいていただければ問題ありません。

さて、最初の一冊に取り組む前から二冊目、三冊目の本の話をしてしまって少し困惑されているかもしれませんが、本は一冊より二冊、二冊より三冊出版した方が圧倒的に成果をあげやすくなります。

テーマをずらしながら次々に出版していくことで、特定の分野の本を複数タイトル出版していることになり、それだけでその分野の専門家であるという印象になります。

いわゆる面（メン）を取る戦略と言えますが、点（ピンポイント）の戦略よりも成果をあげやすくなることがイメージできるはずです。

また、本づくりを進めていると「このコンテンツは是非掲載したいけど、今回の企画とは少しずれるな」という話が出てくることは非常に多いので、メモを取っておいて次回作に活かすとよいでしょう。

一冊目のプロジェクトを進めながら二冊目、三冊目のコンテンツも想定することで効率的にプロジェクトを進めていくことができます。

【Point】

まずはAカテゴリーの本を複数タイトル出版していくのがおすすめ

二冊、三冊と出版できれば、その分野の専門家も狙える

COLUMN
コラム

手を組む出版社の選び方

企業出版のプロジェクトに取り組む際には、出版社と手を組むことになります。

この場合、どんな出版社と手を組むかによって、完成する本が大きく異なります。費用面だけ見ても十人十色、各出版社でサービス内容が少しずつ異なるので是非慎重に選ぶようにしてください。

もちろん、安いところがダメで高いところがよいというわけではありません。ここでは、大まかにどんな出版社があるのかについて紹介しておきます。

大手出版社

名前を聞けば誰でも知っているような大手の出版社でも企業出版サービスに取り組むケースが増えてきています。

大手出版社の場合、出版社自体が有名であることもあり、「●●社から本を出した」ということが一つのブランディングにつながるというメリットがあります。

大手出版社で企業出版に取り組むクライアントは同様に大手企業が多く、上場企業や医療法人なども多いです。

費用は高額となりやすいですが、新聞広告への掲載や特定の書店でイベントを打つといったプランなどを用意している出版社もあります。

自費出版専門の出版社

自費出版専門の出版社は、著者側が用意した原稿を本にまとめて出版してくれる出版社です。

どちらかというと小説、句集、写真集やエッセイなどの作品づくりのイメージが強いのが自費出版専門の出版社で、執筆のサポートはそこまで期待しない方がよいかもしれません。

クライアントは個人の方が多く、費用はかかりますがハードカバーにしたり箔押し加工など装丁へのこだわりにも対応してくれる出版社が多いです。

印刷会社系列の出版社

価格競争や燃料や資源の高騰など、逆風が吹いていることもあり印刷会社が出版部門を立ち上げるケースが増えてきています。

先ほどの自費出版専門の出版社と提供するサービスは似ていますが、自費出版の会社は専門の編集担当者がいることが多い一方で、印刷会社系列の出版社は編集や校正に関してはサービスが不十分なケースもあるので注意が必要です。

企業出版専門の出版社

企業出版に取り組むのであれば企業出版専門の出版社を利用することをおすすめします。

というのも、他の出版社は本を作ることを第一目的としていますが、企業出版専門の出版社は経営課題の解決を第一目的としているため、本の作り方が異なるためです。

注意点としては、企業出版専門を謳っている出版社でも、得意分野が少しずつ異なる点です。

ブランディングを強みとする出版社もあれば、私たちの会社のように売上アップにつながる本を強みにしている出版社もあります。

選ぶ際には、出版の目的と手を組む出版社の強みが合致しているかどうかについても確認すると、より成功の確率が高まるでしょう。

以上、簡単にどんな出版社があるのかについて解説しました。

企業が出版に取り組む際には基本的には企業出版専門の出版社がおすすめですが、その中でも得意分野やサービス、価格設定は大きく異なります。

出版社の規模の差によるところもありますが、サービスの提供価格が2倍、3倍と大きな差となるケースも少なくありません。

出版プロジェクトはそれなりに費用がかかり、また会社の成長戦略にも影響を与えるため、選ぶ際には1社だけで決めるのではなく、よさそうだなと思った出版社を2～3社ピックアップして提案を聞いてみるとよいでしょう。

第二章

出版プロジェクトの進め方

売上アップのために企業出版に取り組むと決めた際にはどのような手順とスケジュールで進んでいくことになるでしょうか。

第三章では企業出版に取り組む手順を紹介していきます。


ちなみに、企業出版に取り組むタイミングはいつがよいですかと聞かれることがありますが、基本的にはすぐに取り組むことをお伝えします。

もちろん、出版できるだけの業歴やノウハウがあることが前提ではありますが、その条件が整っているのであればすぐに取り組むべきと考えていただきたいです。


というのも、早く出版すればするほどその効果を早く得られ、成長スピードも速くなるからです。

また、ゆっくり取り組めば必ずしもクオリティが上がるものではないというのも出版の面白いところです。

実際、展示会に出展するからそれに間に合うように5か月で出版したいというケースや、進学支援に関するサービスで1～4月に生徒を獲得できなければ1年間の売上計画に多大な影響が出てしまうからそれまでに出版したいといった、いわば締め切りがあることも多いです。

締め切りがなければもっとよい本ができるというわけではなく、締め切りがあるからこそ、そこに向けてベストを尽くそうと集中して取り組むことができ、成果の上がる本が出版できるというケースが少なくないのです。

もちろん、無理な締め切りやスケジュールは禁物ですが、
・早めに始めること
・スケジュール（締め切り）をあらかじめ設定しておくこと
の2点を頭に入れながら読み進めていただければ幸いです。

出版は始める前が9割

これまでに説明してきた通り、売上アップを目的とした企業出版では、出版前の戦略と計画が大切です。

特に経営者を含めて2～5人が関わることも珍しくないのが企業出版のプロジェクトですが、出版前に戦略と計画が決まっていなければ関係者全員の目指している方向が一致せず、そのまま進めると空中分解になってしまいかねません。

これは大学受験とよく似ています。

とりあえず勉強していて入試直前に志望大学を決めて受けたら最高の結果が出た、ということは非常に起こりにくいものです。
特に難関校となれば効率的に受験勉強を進めていく必要があります。
・どの大学、学部を目指すのか
・受験科目は何があるのか
・よく出題される分野や問題の形式にはどんなものがあるのか
・必要とされている力を身に着けるためにはどんな勉強が必要か
・参考書は何を使えばよいのか
・いつまでにどのレベルまで学習を進めるべきなのか
といったことをあらかじめ決めてプロジェクトをスタートさせるという意識が必要なのです。

ただ、まったく逆のことを言ってしまいますが、完璧な戦略や計画を立てようとし過ぎるのもまたよくありません。
完璧な戦略や計画を立てようとするとそれだけで膨大な時間と労力がかかってしまいますし、プロジェクトが進むにつれて考えが変わったり新たな発見があって軌道修正を図ることもよくあるためです。

戦略や計画を立てるべきと言ったり、完璧な戦略や計画は難しいと言ったため、少し頭がこんがらがってしまったかもしれませんが、ここではとりあえず「出版は始める前が大切である」ということだけ覚えておいて下さい。

【Point】
プロジェクトは始める前が大切
完璧を目指しすぎずに計画を立てよう

まずは読者ターゲットと出版企画

まず考えるべきなのは第二章で解説した、読者ターゲットと出版企画を決定することです。

しつこいようですが、売上アップを目的とする場合には大多数の人が好む売れる本を狙わないことが大切です。

アイディアを得ようと書店に行ってみると、どうしてもマス向けの本が並んでいて影響を受けてしまうものです。

最初は書店に行くよりは、できる限りP60のグラフを基に自身で出版企画を考えるとよいでしょう。

読者ターゲットと出版企画は第二章を参照いただくとして次はスケジュールです。
スケジュールはおおよそ6～8か月ぐらいの期間をかけるのが一般的ですが、出版形態（書店流通の有無など）や原稿の執筆を自ら行うのか、それともライターを利用するのかで大きく異なってきます。

企業出版の場合は、ヒアリング取材に基づいてライターが原稿執筆を行うのが一般的で、それを前提に大まかなスケジュールを立てると次のようになります。

※（　）内が今プロジェクトを開始してからのおおよそのスケジュール目安
・読者ターゲットと出版企画（1か月後）
・ヒアリング取材を実施してライターに原稿を書いてもらう（ヒアリング取材2か月後：ライター原稿3か月後）
・足りないところを追加ヒアリング取材（4か月後）
・編集と校正作業（5．5か月後）

・表紙やタイトルを決める（6か月後）
・書店営業を実施後に出版！　活用が大切（7〜8か月後）
上記が平均的なスケジュールの目安です。

ざっくりと今から8か月後ぐらいに出版するイメージになります。
ただ、先ほども紹介したように、展示会の出展の予定があって配布して使いたい場合など、特殊な事情がある場合には5〜6か月での短期間で出版を目指すスケジュールで進めていくこともあります。

【Point】
読者ターゲットと出版企画を考えよう
無理なく進めるためには8か月ぐらいの期間が理想

ヒアリング取材を実行してライターに原稿を書いてもらう

読者ターゲットと出版企画、おおまかなスケジュールが決まったら出版企画に記載してある目次をベースにしながらのヒアリング取材です。

「え？　自分で書かないの？」

「ゴーストライターってこと？」

というツッコミをいただくことも少なくありませんが、実は企業出版ではライターを使うケースがほとんどです。

また、仮に自ら原稿を執筆したとしても、その後ライターがリライトをしたり、大幅に編集してから出版に進んでいくケースが非常に多いのです。

私たちの会社でも基本的にはライターを使って原稿を作成することをおすすめしておりますが、これには以下のような理由があります。

【理由①】クオリティの確保

ゴーストライターというと聞こえが悪いかもしれませんが、伝えたいことを文章で分かりやすく伝えるためには文章作成のプロに依頼するのが効率的です。

言ってみれば餅は餅屋という発想で、経営者や企業の担当者はノウハウや事例、経験についての情報を出すことに集中していただき、読みやすくわかりやすい文章を作るのはライターに集中して取り組んでもらうという形を取るのが最善の策と考えています。

【理由②】時間や労力の短縮

企業出版だけに取り組んでいられない経営者がほとんどだと思います。

大抵の場合、本業でやらなければならない仕事が他にあり、同時並行で出版プロジェクトを進めていくことになります。

一冊の本の原稿を作るとなると最低でも5～6万文字ぐらいは原稿を書く必要が出てきますが、原稿作成のために時間や労力を使うのはあまり得策ではありません。

【理由③】目的ファースト

企業出版は売上アップを目的とするケースが多いです。

でも、その企業出版に多大な労力がかかるとなったらどうなるでしょうか？

それこそ、経営者の時間を奪うことになり、結果として出版プロジェクトが進行している期間に売上減となってしまうという、笑えない事態に陥りかねません。

上記3つの理由から、企業出版では基本的にはライターの利用をおすすめしております。

とはいえ、「一度自身で書いてみてダメそうだったらお願いする」と言ってプロジェクトをスタートして結局書ききってしまう経営者の方もいらっしゃいます。

おすすめはしますが、絶対にライターを使わなければいけないというわけではないので、本業やかけられる時間等を考えて決めるとよいでしょう。

なお、一冊の本を出版する場合は2～3時間ぐらいのヒアリング取材をまずは2～3回程度実施してライターに初稿（最初の原稿）を仕上げてもらうイメージになります。

足りないところを追加ヒアリング取材

先ほど、2～3時間ぐらいのヒアリング取材をまずは2～3回程度実施してライターに初稿を仕上げてもらうとお伝えしましたが、この時点での完成度は7割ぐらいのイメージです。

初稿を読んでみると、伝え忘れていたり、うまく伝わっていないということも起こり得ます。

出版するまでは何度でも修正や加筆ができるのが出版のよいところです。

足りない部分については追加取材を実施して再度ライターに原稿を書いてもらったり、また初稿で認識の違いなどがあれば修正をして完成度を高めていきましょう。

【Point】

原稿はライターに書いてもらおう

追加取材などで改善しながら原稿完成を目指そう

ＤＴＰ・編集と校正作業

追加のヒアリング取材が終わればＤＴＰ・編集と校正作業になります。

ＤＴＰとはDesktop Publishing（デスクトップ パブリッシング）の略で、パソコン上で印刷するためのデータを作成していくことを言います。

この本もＤＴＰ作業を経て作られていますが、ページ数の表記（ノンブル）の横に章タイトルを記載したり、章扉のページをデザインしたりと読みやすさやデザイン性を考えて作業を進めていきます。

また、ＤＴＰと編集までは、データ上でのやり取りで作業が進んでいくことが多いですが、編集が終わって校正（誤字や脱字、表記のゆれや内容に矛盾が起きていないかなどを見直して修正すること）の段階になると印刷して紙でのやり取りで作業を進めていくのが一般的です。

校正作業は本当に大切で、何人もの人間の目を通して複数回実施して改善を重ねていきます。

ここが、デジタルでの情報発信と異なるところで、デジタルの場合は誤字脱字が後から発覚してもすぐに直せば済みます。

一方で、紙に印刷する本の場合は、出版後に誤字脱字の修正ができません。何度も読み直すのは面倒な作業ではありますが、複数人の目を通してしっかりと確認していくことが大切です。

【Point】

デジタル情報と違って紙の本は出版後に変更はできません

複数人で何度も確認してミスを減らしていきましょう

表紙やタイトルを決めよう

ＤＴＰ・編集と校正作業と同時に進めるのがタイトルや表紙デザインの選考作業です。

タイトルは読んでもらうために大切で、読みたいと思ってもらえるようなタイトルにする必要があります。

カッコよくて何が書かれているのかよくわからないようなタイトルもつけたくなりますが、これは避けた方が賢明です。


例えば以下の２つのタイトルだとどちらの方が適切でしょうか？
・はじめての企業出版マニュアル
・１冊の本で売上をアップする！　ＢｔｏＢ事業者のための企業出版戦略とケーススタ

ディー

あえて本書のタイトル例を紹介させていただきました。

どちらであっても企業出版を体系的に理解してもらうための本であることは分かると思いますが、タイトルが違うだけで読者層が少し変わることがイメージできるはずです。

【はじめての企業出版マニュアル】

こちらのタイトルは企業出版について包括的に理解できる本であることは想像できますが、もともと企業出版について興味がある人が対象になっています。

そのため、企業出版に興味がないけど、売上や人材に関する経営課題を抱えている経営者に手に取ってもらうことは難しいでしょう。

【1冊の本で売上をアップする！ B to B 事業者のための企業出版戦略とケーススタディー】

こちらのタイトルは、売上アップというフレーズを出していることから、今現在、企業出版に興味がなくても売上アップには興味があるという人も対象にしています。

また、B to B 事業者というキーワードを入れているので、どんな人にメリットのあるコンテンツが含まれているのかが分かりやすくなっています。

読んでもらいたい読者ターゲットを考えてタイトルをつけることが大切です。

タイトルが決まれば、次に表紙デザインを考えていきましょう。

表紙デザインもかっこいいものを作ろうとすると失敗します。

せっかく誰が読者ターゲットでどんなメリットが得られるのかが伝わりやすいタイトルを決めたはずなので、最も意識するべきはそのタイトルが伝わるデザインにするということです。

デザインというよりは、むしろ文字をどのように配置するかが大切です。

つまり、読んでもらいたい人がつい目を向けてしまう、キーワードを目立たせた表紙が理想的ということです。

本書で言えば、

・売上アップ

・B to B 事業者

の2つのキーワードを際立たせるようなデザインを心掛けています。

もちろんこれは、売上アップとB to B 事業者という2つのキーワードが、読んでもらいたい経営者の目につきやすいキーワードと考えているためです。

・企業出版

・ケーススタディー

を強調しても、そもそもこれらのワードに興味がある人は多くないので意味がありません。

これは例えばあなたが「焼肉店かじた」を経営していることをイメージしてもらうと分かりやすいです。

※かじたは私の名前です。

さて、この飲食店はどんな看板を掲げるのが正解でしょう。

有名店であれば「かじた」を大きく掲げたAの看板でよいかもしれませんが、この看板では何の店かわからず、数多ある飲食店の中で選ばれる可能性は低くなってしまいます。

一方でBの看板ように「焼肉」の文字を大きくするとどうでしょうか。

この店を知らない人でも、焼肉を食べたいと考えている人の目に入れば「お！　どれどれ？」と興味を持ってくれる可能性がありますし、一度試してみようと考えてくれる人も

A

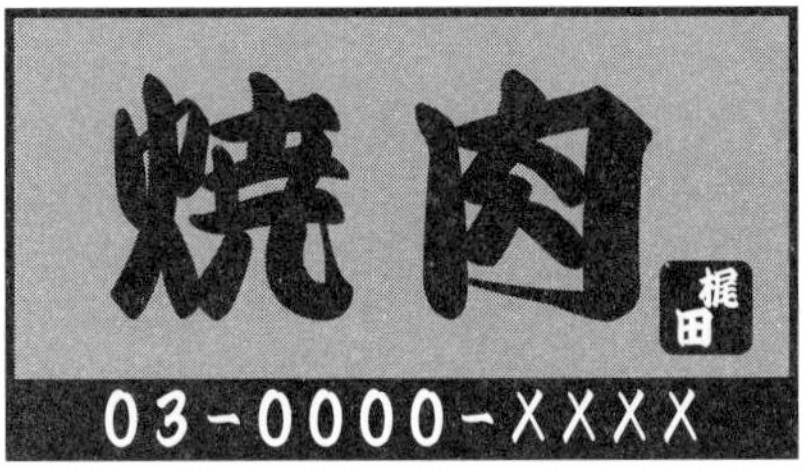

B

出てくるでしょう。

タイトルと表紙は本の顔です。

どんな顔にするかは自由に決められるわけですが、カッコよさではなく、分かりやすさと伝わりやすさを意識して決めていきましょう。

【Point】
タイトルと表紙は本の顔
カッコイイものよりも、読者ターゲットが興味を持つ文字を目立たせたデザインが吉

書店営業

書店流通を通すかどうかはケースバイケースです。

実際、書店流通は行わずにあえて営業時や既存のクライアントに配布するためだけに使うという企業もあります。

ただ、配布した場合ほどの効果は期待できないものの、書店で本を見つけて、その後、問い合わせをしてくれるというケースもありますし、苦労して作った本が全国の書店に並んでいるのも感慨深いものがあります。

費用面との相談にはなりますが、できれば全国書店に本を流通することをおすすめします。

全国書店に流通するとなっても、毎日200タイトルもの本が出版される昨今ですから、書店への営業活動を実施しないとそもそも店頭に置いてもらえません。

なので、本が完成に近づいてきたタイミングで

「●月●日にこんな本が出版されるのですが、店頭に置いてもらえませんか」

と営業をかけるのです。

これは出版社が主導となって行うことになるのですが、営業活動を実施することで二〜三冊なら置いてみようかなとなってくれる書店もありますし、新刊発行時に十冊単位で置いてくれるケースも少なくありません。

書店営業を実施してくれるかどうかについては、出版社によってサービス内容が異なると思いますし、もともと配布する前提で本づくりを進めるのが企業出版のポイントではあります。

ただ、せっかくの機会ですから書店に並んでいる経験は一度体験してみていただきたい

と考えています。

【Point】

出版して書店流通はできても、店頭に置いてもらえるかは別の話

営業活動を実施して、店頭に並べてもらう努力を

出版！　活用が大切

さて、無事に出版ができたら、いよいよそこからが活用のスタートです。出版時にはプレスリリースを打ったり、自社のメルマガやホームページでの告知、さらには配布活動による商談アポ獲得に力を入れていきましょう。

また、せっかく本を配ったのであれば本の感想を聞いて、それを次回以降の出版に活かしていくのもよいでしょう。

見込み顧客や取引先に「この本、どんな人に合うと思いますか」と聞くと、次回の出版時に参考になる意見が聞けることもありますし、既存顧客に配ることで継続取引やアップセル、さらには紹介などにつながるケースも考えられます。

【Point】
出版後の活用がプロジェクトの成否を分ける
積極的に配布して売上アップにつなげよう

COLUMN
コラム

出版×●●がおすすめ

出版した際には出版記念セミナーを開催することをおすすめします。

例えば、セミナー参加者に本を無料でプレゼントしてしまうのもよいでしょう。

セミナーを受講して本も読んでくれたら、きっとあなたが提供するサービスも前向きに検討してくれる状態になるはずです。

セミナー以外にも出版×●●は是非考えていただきたい方法で、私たちの会社でも常にこの●●に知恵を捻っています。

出版×ＤＭで、郵送で本を配布しての新規法人顧客の開拓に取り組む会社もあれば、出版×オウンドメディアと考えて、一冊の本のために作ったコンテンツをオウンドメディアや動画に再利用していくという方法に取り組んでいる企業もあります。

「アイデアとは既存の要素の新しい組み合わせ以外の何物でもない」という言葉がありますが、きっとまだまだ出版×●●の可能性はあるはずで、そのアイデアが実行されていくときっと出版業界はもっと魅力的な成長産業へと変わっていくはずです。

第四章

自社やサービスの認知度が低い場合のケーススタディー

これまで
・顕在顧客×自社やサービスの認知度が高い（Aカテゴリー）
・潜在顧客×自社やサービスの認知度が高い（Bカテゴリー）
の2つのカテゴリーを紹介してきましたが、企業によっては
・顕在顧客×自社やサービスの認知度が低い
・潜在顧客×自社やサービスの認知度が低い
といったCカテゴリー、Dカテゴリーの本の出版に興味があるかもしれません。

これらのカテゴリーは、まず自社やサービスの認知度を上げたい場合や中長期で考えて見込み顧客を増やしていきたいと考えた場合に取り組む企業出版の施策と考えることができます。

本書では基本的にAカテゴリーやBカテゴリーの本から取り組むことをおすすめしてきましたが、それはあくまでも売上アップの成果をあげやすいためという理由があります。

Ｃカテゴリーや Ｄカテゴリーの本はどちらかというと売れる本を目指すようなプロジェクトになります。

いずれにしても、どんな本の出版をしていくのかを最初に決めるのは非常に大切なことです。

是非、Ｃカテゴリーや Ｄカテゴリーの事例もお読みいただき、判断材料としていただければ幸いです。

顕在顧客×自社やサービスの認知度が低い（Cカテゴリー）

Cカテゴリーの読者は、自社や提供するサービスの認知度が低い読者ターゲットを想定しており、連絡先を知らない顧客が前提のため、配布するという使い方が難しいです。

この場合、狙いとしている読者ターゲットの人に見つけてもらえるような出版企画を考える必要があります。

例えば、検索ボリュームがある程度期待できるキーワードに関連する事業を営んでいる場合には、そのキーワードに関連する出版企画を考えるのがおすすめです。

この際、検索ボリュームがあればあるほどよいというわけではありません。

というのも、検索ボリュームが多いキーワードを狙うと、ライバルが多くなり見つけてもらいにくくなるためです。

もし、あなたの会社が特定のキーワードに関連した事業を営んでいる場合は、試しにAmazonで調べてみてください。

この際、ライバルとなりそうな本がなければ、狙い目かもしれません。

また、ライバルの本がない場合でも、そもそも調べる人数が少なければ意味がありません。

キーワードの検索ボリュームがどれぐらいあるのかについては、次のサイトなどで調べる方法が色々あるので一度確認いただくとよいでしょう。

（参考：http://www.aramakijake.jp/）

検索ボリュームがあるということは、そのキーワードについて調べたい人や悩んでいる人が多いということになり、情報を本という形で体系的にまとめることで、読んでみようと考えてくれる人に見つけてもらえる可能性が期待できます。

例を挙げると、特定の病気についての本などは、悩んでいる人も多いですし調べる人も多いため、本として情報が一冊にまとまっていればニーズがあるでしょう。

もちろん、ライバルの本が少なければなおよしです。

また、特定の資格や試験に関する情報であったり、職種や職業名の本も調べる人が多いので、見つけて買ってくれる読者も期待できるでしょう。

実際、これまで私たちの会社で出版のお手伝いをした本のうち、本そのものの売れ行きがよいのはCカテゴリーの本がほとんどでした。


もちろん、注意点もあります。

それは
・そもそも本が売れない可能性もある
・売れる＝自社の売上アップにつながるとは限らない

という2点です。

この2点についてはこれまでも説明してきたので、詳細は割愛させていただきますが、Cカテゴリーの本は読んでもらうことで、まずは自社や自社サービスを知ってもらうということを実現するための本であり、すぐに売上アップにつながるとは限らないのです。

Cカテゴリーの例として、成長期の膝の痛みの原因となるオスグッド病についての出版企画を紹介させていただきます。

このオスグッドの本は実在する本で、私たちの会社でお手伝いさせていただいた福岡で整体院を経営する髙松栄伸さんの本です。

オスグッドは痛みを伴うケースもあり、成長期の子供にとって悩みの一つともなるものです。

この本は、そんな悩みを少しでも減らしたいというニーズに応えており、2018年の出版以降ロングセラーとなっています。

この本の効果もあり、高松さんが営む福岡の整体院にはオスグッドに関する問い合わせが全国から届くようになっているとのことです。

【Cカテゴリーの企画例】

仮タイトル

本当はやばい！オスグッド病

キャッチコピーやサブタイトル

１日３分６つのストレッチでオスグッド病を改善

メイン読者ターゲット

オスグッドに悩む小学生〜中学生

サブターゲット

オスグッドに悩む小学生や中学生を子に持つ親

同業他社

出版目的

オスグッドの痛みに悩む成長期の子たちに、改善した事例があることを伝えたい。

近場の人であれば来院してもらいたい。

また、成長期の痛みの改善に自信を持っている整体院であると認識してもらいたい。

内容

オスグッドについての正しい知識を身に着けてもらい、改善事例を掲載する。

読者が期待しているのは自宅で簡単にできるストレッチやエクササイズである可能性が高いので、そのコンテンツを掲載すると同時に、生活習慣を見直すことでオスグッド以外の痛みについても改善につながっていくことを伝える。

出版後の使い方

整体院の待合室に本を置いて、オスグッドをはじめとした成長痛全般の専門家であることをアピールして口コミ発生を狙う。

本を出している著者であることをアピールしながらメルマガなどで情報発信。オンラインとオフライン施策の両方を実行してブランディングを実現していく。

目次と内容例

はじめに

なぜこの本を書いたかについてと簡単な自己紹介を行う。

第一章　本当はやばいオスグッド病

そもそもオスグッドはどんな病であるかについての知識をお伝えしていく。

病院などで診断だけされるケースもあるため、正しい知識と改善に向けた取り組みは効果的であるという認識を持ってもらう。

第二章　でもオスグッド病は改善します

改善した事例があることを紹介する。

事例があることで、しっかりと改善に向けて最善を尽くす整体院であることを知ってもらう。

第三章　オスグッド病を改善させるための基礎知識

改善させるためのノウハウを紹介する章。

ここで、ノウハウを惜しみなく出すことで、本を買ってくれた読者に貢献することができる。

第四章　オスグッド病を改善させる具体的な方法

オスグッドを検索等で調べて本を買ってくれる人は、整体院に行くのではなく自分で解決したいと考えていることが多いと想定されるため自宅でできるストレッチなどを紹介する。

第五章　間違いだらけの対処法

誤った対処法を避けるためのノウハウを提供しつつ、場合によっては経営する整体院への来院を考えてもらえるようなコンテンツとする。

あとがき

【Point】

Cカテゴリーの本は、読者に見つけてもらえるような本を目指す
検索ボリュームを調べるなどして出版企画を考えよう

潜在顧客×自社やサービスの認知度が低い（Dカテゴリー）

次にDカテゴリーについて考えていきましょう。

Dカテゴリーの読者ターゲットはCカテゴリーの読者ターゲットと同様に、自社や自社のサービスについての認知度が低いことを前提としています。

そのため、連絡先を知っている顧客に配布して使うのではなく、ゼロから良質な見込み顧客を獲得するという使い方を考えて本づくりを進めていく必要があります。

また、CカテゴリーよりもさらにDカテゴリーが難しいのは、ニーズが顕在化しているわけではないターゲットを対象にしている点です。

そもそも、ニーズが顕在化していない顧客が本を買うという行動をとってくれるのかと疑問に思う気もしますが、逆に言うと本を読んでもらってニーズを生み出すことができた際には提供する商品やサービスを購入してもらえる可能性が非常に高くなります。

これは、メールマーケティングでよく使われるナーチャリングの考え方がよく似ています。

ナーチャリングとは購買意欲を高めることを目的として、見込み顧客に情報提供を行うマーケティング活動のことを指します。

別の言い方をすれば、まだ買う気がない顧客（潜在顧客）のニーズを掘り起こして顕在顧客へと引き上げる活動のことを指します。

通常、このナーチャリングのためにはメルマガを何回かに渡って送付して情報提供を継続するのが一般的な手法ですが、これを本で実現しようというのがDカテゴリーの本の考え方になります。

メルマガに比べて本は情報量が多いため、ナーチャリングに適していると考えることもできますが、メルマガはあらかじめメールアドレスなどの顧客情報を持っていることを前提としている一方で、本の場合はゼロから興味を持ってもらうような打ち出し方が必要になります。

この場合、本のコンテンツはニーズよりもウォンツ、言ってみれば「〜したい」という欲望に訴求するような内容を目指すとよいでしょう。

例えば、起業や副業支援のコンサルティングを事業として営んでいる場合は、

「個人で週末起業して年収1000万円稼ぐための7つの鉄則」

といった打ち出し方などをして、ウォンツに基づいた購買を狙うのもよいかもしれませんし、

「会社員が月30万円稼げる副業に取り組む前にやったこと」

といった見せ方でまずはウォンツをニーズに変えていくことを目指すのもよいでしょう。

また、いきなり本を買ってもらうハードルが高い場合には、本を作った後にそれを無料ダウンロードや無料配布できるような形にして、見込み顧客を集めるツールとして利用するのもよいかもしれません。

「Amazonで販売中のこの本、今なら無料で差し上げます」

というランディングページを作って広告運用すればリストを獲得することができますし、本を読んで購買意欲が高まったら、読者はDカテゴリーから一気にAカテゴリーへと移行する可能性もあります。

最後にコンサルティングビジネスで起業する人向けにコーチングサービスを提供している会社の場合の企画例を紹介しておきます。

売上アップまでのストーリーとして、本を読んでもらうことで認知と信用を獲得、その後に自社のコーチングサービスを案内していくという流れを想定しています。

【Ｄカテゴリーの企画例】

仮タイトル

コンサルティング起業３年で年収１０００万円！

キャッチコピーやサブタイトル

起業前にやるべきこと、起業１～３年目にやることを徹底解説

副業から始めるコンサルティング起業の全容を紹介

メイン読者ターゲット

コンサルティングビジネスでの起業を考えている人

サブターゲット

副業としてコンサルティングビジネスに取り組む人

サービスの幅を広げようと考えているフリーランスや自営業者

出版目的

自社サービスに興味を持ち得る人に対して、ノウハウやコンサルティング起業の成功事例を紹介することで信頼を獲得したい。

最終的にはコーチングのサービスを案内して成約につなげる。

内容

著者がどのような人生を歩んできているのかを紹介して共感を獲得。

また、コンサルティング起業の事例を豊富に掲載して何がうまくいって何がうまくいかないのかを解説していく。

ノウハウをできる限り出し惜しみすることなく掲載することで、読者に気づきを与えることを目指す。

出版後の使い方

書籍無料プレゼントのＬＰを作成してフェイスブック広告で運用してリストを集める。

本の最後にＱＲコードを記載して、本を読んだ人のリストを集める。

電子書籍内にもリンクを貼って、リストを集める。

ウェブマーケティング実施時に表紙画像を掲載して本を出版した著者であるというブランディングを実現する。

目次と内容例

はじめに

本を読むことで得られるメリットなどを紹介して興味を喚起。

第一章　これからは個人で稼げないといけない時代

時代背景などを紹介し、個人で稼ぐ力を身につけなければならないという意識を持ってもらう。

まずは読者の意識改革を実現する。

第二章　起業家の生き方

マインドセットの章。

会社員と同様の感覚ではコンサルティング起業は成功しないことを伝える。

陥ってしまいがちな失敗を紹介しつつ、どういう姿勢でいることが大切なのかを伝えていく。

例）お金を使って勉強することの大切さなども紹介。

第三章　コンサルティング起業がおすすな理由

数多ある事業の選択肢の中で、コンサルティングビジネスで起業することがいかに理に適っているかを解説する。

もともとコンサルティングビジネスでの起業を考えている読者がターゲットではあるが、「やっぱりそうだよな」と納得して起業に取り組んでもらえるようなコンテンツ。

第四章　まずは３年で年商１０００万円を目指しましょう

読者ターゲットは起業前の人も数多くいるため、副業から始めるコンサルティングビジネスのやり方について解説していく。

３年で年商１０００万円に到達するまでの手順や各段階でやらなければいけないことなどを紹介してイメージしていただく。

第五章　コンサルティングビジネスが失敗する理由

具体的なノウハウを多数掲載する。
やるべきこと、やるべきではないことなどを紹介したり、どのような理由で失敗することが多いかについても解説。

第六章　事例紹介

できる限り実名で紹介できるクライアントの事例を紹介していく。
色々なパターンのコンサルティングビジネスの事例を掲載することで、対応できる範囲が広いことをアピールする。

あとがき

コンサルティングビジネスにかける著者の想いを掲載する。

巻末に広告を掲載する

【Point】

認知もニーズも低い場合には、ウォンツを考えよう

Dカテゴリーは、本をマーケティング活動に組み込んで利用していくことが大切

第五章

出版をきっかけに売上を上げよう

第五章は
・出版の形式について
・出版の効果を得やすくなるための秘訣
・出版の隠れたメリット
などを紹介させていただきます。

企業出版は、主に経営者が先頭に立ってプロジェクトを進めていくこともあり、これまで急成長しているやり手の経営者や、新しい発想で市場を切り開く経営者と話をさせていただく機会が数多くありました。

出版プロジェクトが進んでいくとそうした経営者から様々なフィードバックやアイディアをいただき、いつも
「こういう考え方や使い方があるのか」
「本の出版だけに終わらないんだ」

と、感心させられます。

本章では、これまで企業出版に取り組んでいただいた多くの想像力溢れる経営者のアイディアなども参考にしながら、事業発展のための企業出版の可能性についてお話をさせていただきます。

いろいろ増えてきた出版の選択肢（書店展開、プリントオンデマンド、電子書籍）

本書はこれまで出版を一括りにまとめてお伝えしてきましたが、本の出版にも様々な方法があります。

多くの方は本と聞くと書店に並んでいる本を想像されるかもしれませんが、昨今の本はその限りではないのです。

ここでは、様々な本の出版方法について紹介します。

【出版方法①】書店展開の本

少なくなってきたとはいえ、日本全国には1万店以上もの書店があります。大型の書店もあれば、長年地域に根差してきた街の本屋さんもあります。

こうした書店には常時数多くの本が並んでいます。

書店の本は出版社が1000〜10000部ほどの本を印刷製本し、大手取次を通して書店に配本、販売されるのが一般的です。

通常の物販では商品を作っても、それを流通、販売してくれる卸売業者やお店を探すのが大変ですが、本の場合は書店への流通の仕組みが整っているのが特徴的と言えます。

ある意味で、全国の書店を広告塔として利用できると考えられますし、出張で地方に行ったときに自分が携わった本が置いてあると少し感慨深いものがあります。

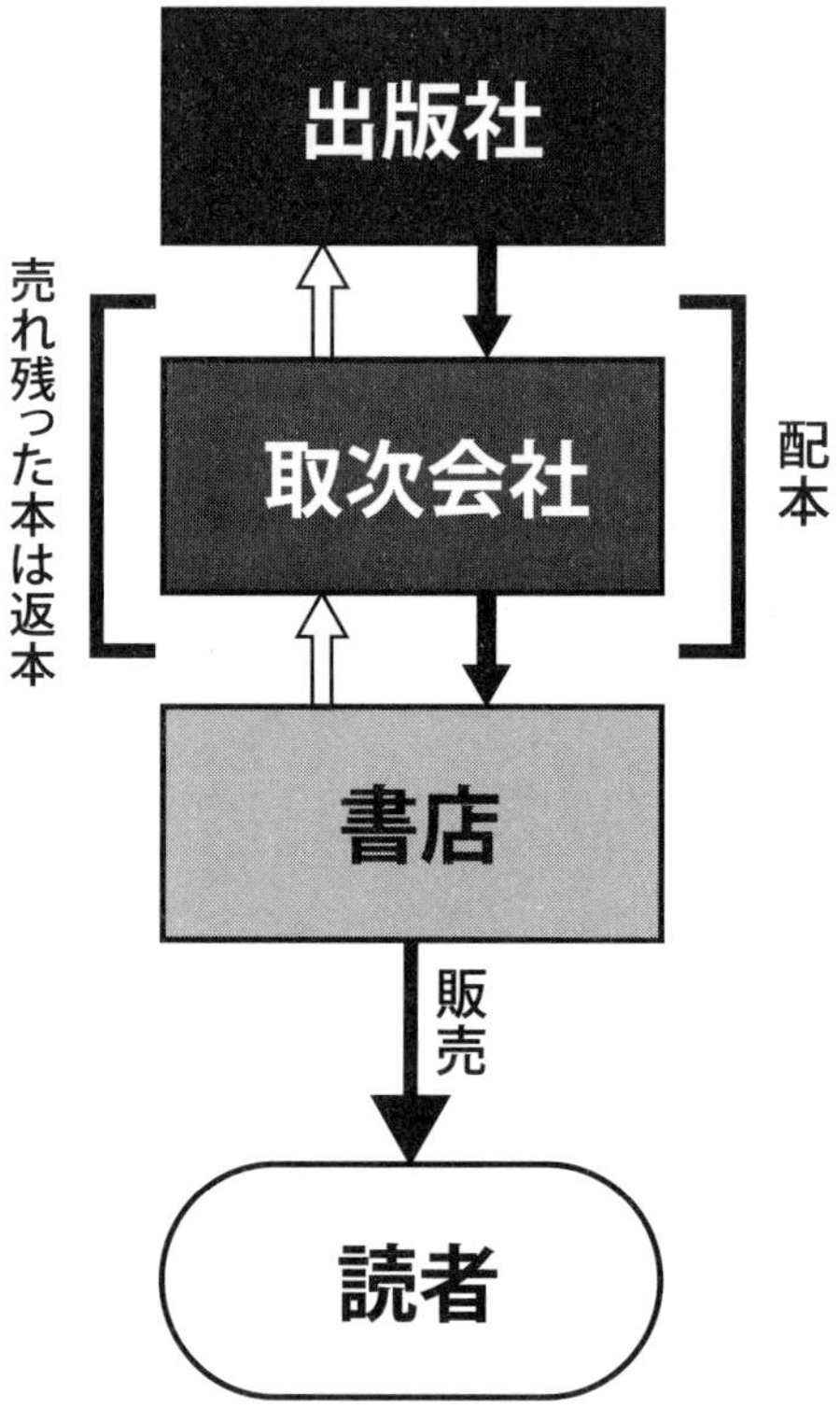

※上記イラストは一般的なケースであり、一部出版社が書店と直接流通の契約をしているケースもあります。

【出版方法②】プリントオンデマンド

最近注目を集めているのがプリントオンデマンドという出版方法です。

プリントオンデマンドとは、その名の通り、需要に応じて印刷製本する出版方法であるため、そもそも在庫がありません。

とても無駄のない仕組みになっているのが特徴的です。

一部の大手の書店でもプリントオンデマンドの取り扱いがありますが、最近では特にAmazonのプリントオンデマンド出版が注目を集めています。

Amazon上で本を購入すると、印刷製本された本が翌日ぐらいには届いてしまいます（配送状況によっては数日かかることもあります）。

そもそも印刷製本しないために在庫が余ることがなく、足りなくなることもないというのが特徴で、これまで考えられなかった出版後の内容の変更もデータを差し替えることで実現できてしまいます。

【出版方法③】電子書籍

昨今マンガを中心に広がりを見せているのが電子書籍です。Kindleなどの電子書籍専用のデバイスはもちろん、スマートフォンなどでも気軽に読むことができるので、出張などで移動が多いビジネスマンを対象とした本は電子書籍の出版も併せて検討するとよいでしょう。

電子書籍では、書籍内にリンクを掲載してランディングページ等に誘導できるのも特徴です。

本を読んでくれた読者は、見込み度の高い顧客の可能性が高く、成約へ結びつくケースも多いでしょう。

稀に「電子書籍は誰でも気軽に出版できるから紙の本と比べるとブランディング面では劣る」と主張する出版関係者の方もいらっしゃいますが私は必ずしもそうとは限らないと考えています。

誰でも気軽に出版できるのは確かにその通りで、おかげで非常にクオリティの低い本が多数存在しているのも事実です。

実際、表紙を見ただけで中のクオリティが心配になる電子書籍が販売されている様子をあなたも見たことがあるかもしれません。

ただ、クオリティの高い良質な電子書籍であれば逆に高い評価を得られますし、１００円～５００円程度の安価な価格設定は電子書籍だからこそ実現することができます。

また、Amazonは読み放題サービスも提供していて、読み放題に加入しているユーザーからすれば、お試し感覚で本を読むことができます。

おかげで、これまで興味を持っていなかった人にもちょっと読んでみようかなと思ってもらえることも考えられます。

特に、本書で紹介してきたＣカテゴリー、Ｄカテゴリーの本であれば電子書籍を広告代わりに出版していく戦略を考えてみるのもよいでしょう。

【出版方法④】どこにも流通せずに配布する　ｏｒ　自社のみで販売する

本をつくった場合、必ずしも流通して販売しなければいけないわけではありません。

特に最近では、自社内で使うためだけに本をつくるケースが増えてきていますし、配布して使う場合には書店販売を行わない企業も多いです。

また、あまり多いケースではありませんが自社で宣伝して販売するケースもあります。

実際、１００００円といった通常の書籍に比べて高価格な価格設定にして、費用回収を図ったり、顧客をふるいにかけるためのフロントエンド商材として本を使うことを検討するケースもあります。

自社以外で販売をしていなければ、セミナーとセットにして販売していくといった方法を選択することも可能になります。

本の出版といえば、３０００部、５０００部といった刷部数で取次大手に流通を委託し、その後全国書店で販売されるといったイメージがまだまだ深く根付いています。

実際、出版したいと考えて出版社に問い合わせれば、ほとんどの出版社がこの方法を提案してくるはずです。

でも、全国書店に展開すれば、印刷製本に加えて流通や在庫管理にかかる費用、書店営業に関する費用も用意しなければいけません。

企業出版の場合は、出版目的と照らし合わせて、最も費用対効果の高い出版方法を選択するべきであると頭に入れておきましょう。

【Point】

電子書籍やプリントオンデマンドなど、昨今は様々な出版方法が増えている

企業出版の場合は費用対効果も考えて出版方法を選ぼう

新規開拓を目的としたブックＤＭについて

売上アップを目的とする企業出版の例として、営業時に手渡したり、失注客に本を配布して再商談につなげる方法をこれまで紹介してきました。

ただ、まだまだ商談数そのものが不足していると考える経営者も多いため、ここで新規開拓を目的とした場合に利用するブックＤＭという方法を紹介します。

先ほど紹介した

・営業時に手渡す
・失注客に配布する

というのは、もともとあなたの会社を知っているか、あるいは何らかの接点があった人が主な対象ですが、ブックDMはこれから接点を持つために実施する施策です。

これは、テレアポにも似ていますが、ブックDMはあなたの会社のサービスと相性のよい企業をリスト化するところからスタートします。

例えば

・展示会の出展企業リスト
・上場企業リスト
・社歴や年商規模で括ったリスト
・新卒採用を実施している企業リスト

といったリストがよく利用されるリストです。

ブックDMは、こうしたリストにセミナーや商談依頼の案内を同封して本を送る方法を指します。

郵送DMはもともと非常に捨てられやすく、そもそも開封すらされないというケースが多いといわれています。

でも、本が同封されて送られてきたらどうでしょうか？　封筒を開けて中身を確認するのが普通で、受付の担当者が受け取ったとしても社長が購入した本と考えるため、社長の手に渡るまでに勝手に開封される可能性は低くなります。

もちろん、どんな本でもただ送ればよいというわけではなく、届ける相手に興味を持ってもらえて、なおかつ有益な情報が書かれている本であることが前提になります。

経営者は勉強熱心で読書家の方が多いため、そうした経営者に刺さる本をつくって送って商談につなげていくというのがブックＤＭなのです。

読者ターゲットをどのように設定して、どんなコンテンツの本を出版すれば売上アップにつながるのかといったノウハウと組み合わせて活用することで新規開拓が効率的に実現できるブックＤＭ、少しでも興味を持っていただきましたら、巻末から資料請求をダウンロードいただければ幸いです。

【Point】

B to B 事業者の新規開拓の手法としてブックDMがおすすめ

送り先とその送り先に適した本の組み合わせが必須

頭の整理につながり、社員も営業しやすくなるというメリット

本づくりの際には読者ターゲットを徹底的に考えることが大切です。

せっかく本を作るのだからと考えると、どうしてもあれもこれもと欲張りたくなってしまいますが、コンテンツを盛り込みすぎると読みにくい本になってしまいます。

本をつくる際には、無駄なことはできる限り排除して、伝えたいことをまっすぐ伝えられるように頭を捻る必要があるのです。

こうして、伝えたいことが伝わるようにと頭を捻る過程が実は経営者に好評で、出版に取り組んだ多くの経営者に

「一番勉強になったのは自分自身でした（笑）」

という言葉をいただきます。

経営者は本当に勉強熱心な方が多く、様々な異業種交流会などにお邪魔させていただくと本当によく勉強されているのを感じます。

本を読むのはもちろん、経営に関するセミナーに参加されたり、経営コンサルタントをつけて毎月コンサルティングを受けたり、また何十万円から時には100万円を超える経営勉強合宿に参加する経営者も珍しくありません。

VUCAの時代といわれて、変化の移り変わりや大きさが激しい昨今、経営者として組織をまとめて会社を成長させていくのは本当に至難の業です。

でも、勉強はインプットが多くなりがちで、自社や自社が所属する業界の勉強となると知っていて当然と考えてしまっておざなりになっているケースも少なくないでしょう。

そこで提案したいのが、本づくりを通して、一度自社やサービス、自社業界についてアウトプットするというプロセスです。

アウトプットすることによって、自社の何が強みになっているのか、あるいは業界としてどうなっているのかを考えることにもつながりますし、結果として今後どんなサービス展開を考えていけばよいのかについても知恵が湧いてくるケースが少なくありません。

また、経営者が自社のノウハウをまとめたら、それを社員にも読んでもらうことをおすすめします。

経営者からすれば当たり前のノウハウであっても、それを社員が営業の場で体系的に伝えることができているかというと、そうとは限りません。

やって見せ、
言って聞かせてやらせてみて
ほめてやらねば人は動かじ

という山本五十六のあまりにも有名な言葉がありますが、

「言って聞かせて」

が下手だとそもそもその次に進みません。

本を作るという過程を通ることで、より簡潔で伝わりやすく「言って聞かせて」が実現しますし、それに加えて「読んでもらって」が加わります。

経営者自身の頭の整理にも、また社員教育を考えても、また営業時に手渡すことを考えても本づくりはきっと有効に活用できるはずです。

ちなみに私も今、本書の原稿執筆を進めながら同じ感想を抱いています。

【Point】

本づくりはアウトプット

経営者の頭の整理にも最適

作った本は社員教育や営業ツールとしても活用しよう

すぐに成果に結びつかなくても使い方はたくさんある

企業出版は、即効性のある戦略ではありません。

そのため、来月、再来月の売上をアップするためであれば、出版以外の、例えばリスティング広告などを活用した戦略を考えた方が賢明と言えるでしょう。

でも、中長期的な戦略は短期的な戦略の積み重ねだけではうまく行かないことが多いものです。

短期での売上アップのための施策に加えて、中長期に適した戦略を同時に準備して実施していく必要があります。

そして、この中長期を見据えた戦略として企業出版は適しています。
理由としては以下のものがあります。

・6か月~1年後を見据えてプロジェクトをスタートする
・フローより資産を作る
・使い方がたくさんある

一つずつ解説していきます。

6か月~1年後を見据えてプロジェクトをスタートする

そもそも、企業出版のプロジェクトは実行すると決めてから

・企画の立案
・インタビュー取材の実施
・ライターの執筆

・編集及び校正作業
・タイトルや表紙の決定
・出版、その後活用へ
と、6か月～1年ほどの期間がかかります。

そのため、中長期的な視野に立ってプロジェクトを考えざるを得ないのです。

中長期的な視野に立っての経営は、多くの経営者が意識していることかもしれませんが、それを自然に考えられるのが企業出版と言えます。

フローより資産を作る

数か月後の売上をアップするために考えるのは、広告など即効性のある戦略ですが、これはどちらかというとフローの考え方です。

フローの考え方は、効果測定が早いというメリットがあります。

20万円の費用をかけたフェイスブック広告がどれぐらいのクリックを生み出して、結果としてどれだけの売上に貢献したのか、これを数か月以内に効果測定できます。

一方、フローのお金は掛け捨てで、その時に効果が出なければ費用回収は難しいというのがデメリットとなります。


もちろん、企業出版プロジェクトで製作した本についても、フローの施策のように、かけた費用以上のお金を生み出すことを考える必要があるのは言うまでもありませんが、フローの時とは違う考え方もあります。

それは、資産としての考え方です。


例えば決算書で資産と言えばどのような考え方ができるでしょうか？

一度限りの広告費と違って、資産として計上しているものは保有しているために何度も活用することができ、中長期で回収を狙うという考え方ができるはずです。

もちろん、決算書の資産と同様、活用しなければ不良資産となってしまいますが、活用すれば長期間に渡って何度でも使用することができるのが本と言えるでしょう。

使い方がたくさんある

本は実に様々な使い方があります。

例えば同じオフライン施策であっても、会社案内やサービス資料は使い方が限られているはずです。

会社案内やサービス資料は自社や自社のサービスに興味を持ってくれた人が対象となっているのに対して、本は今後、自社や自社のサービスに興味を持ってくれる可能性がある人も対象にすることができます。

例えば展示会で配ったり、無料特典としてウェブ上で配布するなどすれば、興味を持ってもらうために使うことができますし、リスト獲得のために使用してその後メールマーケティングで興味を深めるといった戦略も考えることができるでしょう。

以上のように、企業出版プロジェクトで製作した本は、中長期的な戦略を考えて実行していく際に有益なものと考えることができます。

よく「ウェブ広告と比べてどれぐらいメリットがありますか」と聞かれることがありますが、広告のフローのお金と比べるのではなくストック（資産）として検討するべきものであると考えています。

大切なのは、フローのプロジェクトとストックのプロジェクトをバランスよく同時に進めていくことです。

【Point】
本は長期的視野に立った戦略で考えよう
短期的視野の戦略と合わせての活用が吉

ワンソースマルチユースで使っていこう

一冊の本はどれぐらいの文字数でしょうか？

本によって大きく異なりますが、おおむね一冊の本の文字数は6～10万文字となることが多いです。

企業出版の場合は、最後まで読み切ってもらうことを理想と考えているために少なめの文字数にすることが多いですが、それでも6万文字という情報量は是非有効活用していただきたいです。

企業出版に取り組む企業は出版だけではなく、売上アップにつなげるための様々な施策にも同時に取り組んでいるケースが多いです。

もちろん、多種多様な施策に手を出し過ぎてどれも中途半端になってしまうという事態は避けるべきですが、それでも企業出版だけに取り組むというケースはまれで大抵の場合は以下のような施策を同時に進める企業が多いです。

・オウンドメディア運営
・YouTube のチャンネル運営
・メルマガ
・ホワイトペーパー(※)のＬＰを作ってフェイスブック広告やリスティング広告で運用
・セミナー開催

※ホワイトペーパーとは
マーケティング活動におけるホワイトペーパーとは、商品やサービスの見込み顧客を獲得するために企業が提供している資料のことを指します。

情報収集を目的としている見込み顧客に興味を持ってもらうことが大切で、業界動向のレポートや課題解決の事例集などがホワイトペーパーとして提供されることの多いコンテンツです。

いかがでしょうか?

いずれかに取り組んだことがある企業が多いのではないでしょうか?

会社の規模や予算によって取捨選択等は必要になると思いますが、どれも新規顧客開拓や見込み顧客のナーチャリングに非常に有効な施策です。

これらの施策を行っている企業が企業出版に取り組む際に是非おすすめしたいのが、マルチユースによるコンテンツの有効活用です。

先ほど一冊の本の分量が6~10万文字とお伝えしましたが、仮に6万文字とします。

この場合、2000~3000文字の項目が20~30個ぐらいのコンテンツになります。

オウンドメディアは1記事おおよそ2000~3000文字ぐらいの場合が多いと思いますが、多少の編集は必要になるとはいえ、企業出版に取り組むと20~30の記事コンテンツが同時に手に入ると考えられます。

それだけではありません。

インタビュー取材を動画に撮っておけば各項目をYouTubeのコンテンツとすることもできますし、人気のあるコンテンツを再編集してホワイトペーパーを作ることもできるでしょう。

さらにセミナーを開けば、コンテンツを効率的かつ効果的に使用していくことができます。

ワンソースマルチユースで使用するメリットは他にもあります。

それは、企業出版は経営者自らがコンテンツ制作に携わるという点です。

通常、先ほど挙げたオウンドメディアやメルマガ、ホワイトペーパー作成などの作業は経営者自らが取り組むよりもマーケティングや広報の担当者が取り組んでいるケースが多いはずです。

そのため、経営者の意図や考えと発信するコンテンツに多少の差異が生まれてしまうケースが少なくありません。

でも、企業出版はもともと経営者のインタビュー取材をベースにするのが一般的です。経営者が発信するコンテンツをマーケティング施策にも利用できるとなれば、マーケティングや広報の担当者も大変助かります。

企業出版に取り組む際には、ワンソースマルチユースの考え方を徹底して活用していくようにしましょう。

【Point】

企業出版で作る本のコンテンツは経営者自らが情報源で有用性が高い

ワンソースマルチユースの考え方で徹底活用を

出版社は本づくりのノウハウに長けているが売上アップのノウハウは別モノ

Ｐ１０９のコラムでも紹介しましたが、本づくりを進めるとなると出版社と二人三脚となってプロジェクトを進めていくことになります。

そして、企業出版のプロジェクトがうまく行くかどうかは、出版社と良好なパートナーシップ関係が構築できるかが生命線となります。

基本は企業出版を専門としている出版社を選ぶことをおすすめしますが、企業出版専門を謳っていても、実は企業出版は片手間で、商業出版を主として事業展開しているケースもあります。

そうした出版社は、売れるための本を作るという意識で本づくりに取り組むことになります。

もちろん、それで売れる本になればまだよいかもしれませんが、それがそこまで簡単ではないのは周知の通りです。

また、仮に売れたとしても事業の売上に結び付かなかったり、そもそも売れないという事態になると、もう企業出版には取り組まないと考えるようになってしまうでしょう。

売れる本づくりと、売上アップにつながる本づくりは別物で、売上アップにつながる本づくりは本をツールとして考える必要があります。

これは、通販会社がまず目玉商品を激安価格で販売するのと似ています。

激安価格で販売された商品で顧客が満足したらどうなるでしょう。

その後、送られてくるカタログを見てさらに別の商品も購入したいと考えるかもしれません。

目玉商品を激安価格で販売することで、通販を利用する顧客のリストを得ることができます。

最初の激安価格の商品では利益が出なかったとしても、購入者リストを活用することで別の利益の出る本当に買ってもらいたい商品を買ってもらうという考え方です。

企業出版もこの考え方が大切で、顧客の満足を生み出して信頼を獲得するのが本の役割です。

書店に並んでいるような商業出版の本の場合は、本自体での利益、つまりいきなり利益を狙う考え方です。

言ってみれば、一番買ってもらいたい商品

	フロントエンドとなる商品	利益を得るための商品
通販	激安目玉	後日、カタログで販売する商品
企業出版	本	本業のサービス・商品
商業出版		本

が最初に出てくるわけで、これはなかなか買ってもらいづらいのが現実です。

もちろん、売れる本を作ることがブランディングにつながるという考え方もありますので一概にダメとは言えませんが、B to B事業や高額商材を販売する場合には本はあくまでも信用や満足を生み出すツールと考えるべきです。

出版社選びは本当に大切ですので、いくつか話を聞いて相見積もりをした上で選んでいくことを強くおすすめします。

そして、その際に弊社も候補に入れてもらえたら幸いです（笑）。

【Point】
いきなり出版社に「本を出版したいです」というと失敗する
目的に合わせて出版社を選ぼう

第六章

本を最大限活用できるようになるためのチェックリスト

第六章では、企業出版を最大限活用していただくために、あらかじめチェックしておいた方がよいことについて紹介していきます。

事業戦略の基本的な3つの考え方として

・誰に
・何を
・どのように

という考え方があります。

これまで、

・誰に＝企業経営者を対象に
・どのように＝本をツールとして活用して

という2点をメインに解説してきましたが、最後に

・何を

のところについても少し解説させていただきます。

P49のコラムで、売る商品やサービスが優れていることが前提である旨をお伝えさせていただきましたが、それでも本章で紹介するチェックポイントをクリアすることでより成果をあげやすくなると考えております。

企業出版に取り組まない際にもきっと役立つ内容と考えておりますので、既存の商品やサービスの改善はもちろん、新しい商品やサービスを開発する際にも是非参考にしてみてください。

※各項目の詳細についてはその分野の専門家による本が多数出版されていますので、そちらで勉強されることをおすすめさせていただきます。
あくまでもチェックリストの意味で掲載しております点、ご了承ください。

差別化できているか

大企業の場合は商品やサービスを資本力、組織力を武器に販売していくのが一般的です。それが最も効率的に売上を上げられるためです。

一方の中小企業は、この資本力や組織力が不足しています。

どうすればよいでしょうか？

当然ですが、資本力や組織力を必要としない戦略を考えなければいけません。

そうでないと、仮に成果があがった施策でも大手が同じビジネスモデルで参入してきたらたちまち計画が狂ってしまいます。

では、資本力や組織力を必要とせずに販売することが可能となる商品やサービスはどんなものでしょうか。

それは、他社と差別化できていて特定の顧客に刺さる商品やサービスということになります。

マス向けの商品やサービスは大手企業が勝ちやすい一方、ニッチな市場となると大手企業がそもそも参入してこなかったり、参入してきたとしてもそこまで力を入れてこない可能性が高くなります。

マス向けの商品やサービスは大多数の人に受け入れられる必要がありますが、中小企業であれば特定の人に「これは是非欲しい」と言ってもらえることが理想です。

具体的にどうすればよいかというと次のような方法があります。

・ターゲットを限定する

・特定の商品やサービスに集中する

これ以外にも他社よりも圧倒的に低価格を実現できるのであれば価格で差別化を図る方法もありますが、中小企業には難しいケースも多いはずです。

上記2つの方法の例を挙げるとすれば次のようになります。

ターゲットを限定する場合の例：ホームページ制作会社が、建設業社のみをターゲットにしてサービスを展開する

ターゲットを明確にすることによって、見込み顧客は「自分のために必要だ」と感じてもらいやすくなり、会社にノウハウもたまりやすくなります。

仕事を依頼するクライアントに対しても業界特有のルール等にも詳しい会社なんだと感じてもらいやすく、結果として受注しやすくなります。

ターゲットを限定した上で企業出版に取り組めば、独自のノウハウをアピールでき、成果も期待しやすくなります。

特定の商品やサービスに集中する場合の例：デジタルマーケティングの会社が、コンテンツマーケティングサービスに特化して展開する

デジタルマーケティングをサービスとして展開している場合には、ＳＥＯやリスティング広告、ＦＢ広告やコンテンツマーケティングなど、多彩なソリューションを用意しているケースが多いはずです。

実際、ワンストップで色々なソリューションが提供できる会社は多く、結果として他社との違いが分かりづらくなることは少なくありません。

でも、特定のサービスに集中していることをアピールすれば、差別化につながります。

差別化は、企業出版に取り組むかどうかに限らず、中小企業にとって基本の戦略です。

本の企画を考える際にも、他社との差別化ポイントは必要となる項目なので、自社の差別化ポイントについて考えてみてください。

【Point】

中小企業にとって差別化戦略は大切

・ターゲットの限定

・サービスや商品の集中

の二軸を中心に検討

売れる商材になっているか

当たり前ですが、商材は大切です。

極端な話ですが、売れば売るほど赤字になってしまう商材を売るためにマーケティングや営業活動に取り組もうと考える人はいないはずです。

特に、企業出版での販売促進に取り組むのであれば、付加価値が高い商材が適しています。

そして、付加価値が高いことに加えて〝売れる商材〟であることも大切です。

これも企業出版に限った話ではありませんが、新しい商材を売るために、販売促進に多額の費用をかけてしまうのは考えものです。

というのも、その新商材がターゲットにとってメリットが分かりやすい、売れる商材になっていない可能性があるからです。

マーケティングにはプロダクトマーケットフィット（ＰＭＦ）という考え方があります。直訳すると「商品（商材）が市場（クライアント）と適合している」ということになります。

完全にＰＭＦを実現すれば自然と売れていく状態が期待できますが、それが難しくてもある程度のクライアントの顧客満足が実現できた商材であるという実績は欲しいところです。

どれだけマーケティングに力を入れて、多額の費用をかけたところで誰にとっても魅力のない商材を売ることはできません。

一方で、顧客満足が実現できている商材で、その商材の魅力を伝えることが難しいという状態の時、まさにどのように売るかについて考える段階と言えます。

その際は、企業出版を選択肢に入れてみるとよいでしょう。

【Point】

新商材で販促費をかけるのはリスクが高い

顧客満足が実現できている商材となっていれば売れる商材になりうる

企業出版に取り組むなら売れる商材となっていることが大切

ホームページなどは整っているか

昨今、B to B 事業であってもブランディングの必要性が叫ばれるようになってきました。

採用や社内のモチベーションアップを目的としたインナーブランディングもあれば、この事業ならこの会社といったように第一想起を狙うブランディングに力を入れる企業も増えてきています。

これは、ブランディングの実現が業績に直結するからに他なりません。

経済合理性から考えればA社を選ぶべきだったが、結果としてB社が選ばれた。

こんなことってないでしょうか？

特に、ブランディングが実現できている企業とのコンペになった際には、費用面でも技術面でも勝っているにもかかわらず、相手が選ばれてしまうというケースが起こりえます。

ＢtoＢにおける経営判断は、その後の会社の業績を大きく左右する可能性があります。そのため、単純な経済合理性に加えて、心理的に安心できるからといった感情も経営判断に大きな影響を与えるのです。

そして、心理的に安心できると思ってもらえるのがブランディングの効果です。

とはいえ、多額の費用をかけましょうという話ではありません。

大手企業ではロゴに何千万円ものお金をかけるケースもあるかもしれませんが、それだけの費用があれば他にやれることがたくさんあるはずです。

また、ロゴやコーポレートカラーを整えることがイコールブランディングというわけではない点にも注意が必要です。

大切なのは、

・何の会社か
・何を得意としているのか
・企業のイメージカラーや社風

を分かりやすく伝えていくことです。

なぜ、このような話をするかというと、ブランディング目的で企業出版に取り組みたいという相談を受けることも多いのですが、ホームページや会社案内、名刺などがお世辞にも整っているとは言えないケースが多々あるからです。

そんな状態で仮に企業出版だけに取り組んだとしたらどのような結果になるでしょう？「なんだかちぐはぐな会社だなぁ」といった印象を持たれかねません。

企業から発信するメッセージは出版する本、ホームページ、会社案内、名刺などで統一しましょう。

最後になりますが、当然ある程度見た目のきれいさも大切ではあります。ロゴやコーポレートカラーなど見た目を整えることがブランディングではないという先ほどの発言と少し矛盾を感じるかもしれませんが、分かりやすく伝えるためには見た目にも気を配る必要はあります。

ホームページや会社案内、名刺といった、企業が発信するクライアントの目に触れるものは最低限整えてから企業出版に取り組みましょう。

【Point】
企業出版に取り組む前にホームページや会社案内などで発信する情報も統一しよう
見た目も整えて、クライアントに選ばれやすい会社にしておくことが大切

費用の準備はできているのか

企業出版は未来に向けた投資として考えるべきですから当然、かかる費用についても考えておく必要があります。

企業出版に取り組むとなると、ライターの原稿作成に加えてＤＴＰや編集、表紙等のデザイン、印刷製本など多数の人が関わって作ることになります。

そのため、数百万円以上の費用がかかるのが一般的です。

それに加えて、本に図表やイラストを入れたいと考えた場合はその制作費用もかかりますし、出版社によっては、文字数が増加することによって追加で料金が必要というケースもあります。

まずは、これらの本づくりにかかる費用をしっかりと把握しておくことが大切です。

加えて大切なのが、出版後の販促や配布のための費用も計算しておくことです。

本書でお伝えしてきた通り、企業出版でつくる本は、手に取ってもらって初めて効果を発揮します。

そのため、見てもらうために労力や費用をかける必要があるのです。

例えば、これまで名刺交換した人や、クライアント、失注客などの2000のリストがあった際に、そのリストに送付して商談アポを獲得していくという戦略を考えたとします。

その場合には、最低2000部は印刷製本しなければなりませんし送料もかかります。

これらの費用をあらかじめトータルで考えておかなければなりません。

本は作り始めると非常に楽しいものです。

特にモノづくりが好きな人は、装丁などの出来栄えにもこだわるようになっていく可能性があります。

でも、モノづくりに費用をかけすぎて、その本を活用するための費用がなくなってしまっては本末転倒です。

ちなみに、昨今、企業出版にかかる費用は少しずつ値上がりしている印象があります。1000万円以上の費用の見積もりとなるケースも珍しくなくなってきています。

ただ、売上アップを狙う企業出版の場合、一冊の本に費用をかけすぎるのはあまりおすすめできません。

というのも、キャッシュアウトが大きければ大きいほど、その費用を回収するのが困難になるためです。

ちなみに以前、業界の詳しい方に1000万円以上の多額の出版費用をかけられるのは一体どんな方ですかと聞いたら、毎年かなりの利益が出ていて、多額の税金を払わなければいけなくなるから利益を圧縮するために本を出版する人もいると教えていただいたことがあります。

私も様々なサービスを受ける中で、費用が高いとそれだけ効果がありそうだなと感じることもあります。

ただ、売上アップを目指す企業出版の場合、費用が高いことが必ずしも成果には結び付いていないと感じています。

【Point】

出版社との打ち合わせであらかじめトータルの費用は計算しておこう

費用を抑えることで費用対効果を実現しやすくなる

一冊に多額の費用をかけるより二冊、三冊と出版するのを検討するのもあり

かけられる労力があるかどうか

企業出版にかかるのは費用だけではありません。
ある程度の労力が必要になります。

この「ある程度の」というところがなかなか難しいのですが、プロジェクトによってどれぐらいの労力がかかるかは異なります。
出版プロジェクトにおけるそれぞれの過程で経営者にどのような作業が発生するかを簡単にまとめておきますので参考にしてみてください。
※企業出版の一般的な例としてライターを利用することを前提として解説しております。

企画

企画段階には経営者が参加するべきです。

とはいえ、何かを用意するというわけではなく、一般的には打ち合わせに参加してもらって意見を聞くという形で大丈夫なケースが多いです。

企業出版の場合、出版する目的や事業内容について出版社からヒアリングを受け、そのヒアリングを基に出版社が企画をまとめていくという形が一般的です。

ただ、企画の方向性がある程度決定した後の目次構成を決める際には、経営者自ら本にふさわしいコンテンツを洗い出していただく必要があります。

そこまでの労力がかかるわけではありませんが、打ち合わせの時以外にも多少頭を使う時間が必要となります。

取材

原稿のベースとなる取材は、基本的に経営者に対応していただく必要があるので、ここが一番時間がかかることになります。

文量にもよりますが、最低でも2～3時間×2～3回は必要になると考えておいた方がよいでしょう。

経営者は自社のノウハウや強みが頭に入っているケースが多いので、事前準備はそこまで必要とならないケースが多いですが、場合によっては資料などを用意いただくとスムーズに進むこともあります。

ちなみに、部分的に社員に取材に応じてもらう場合もあります。

特に事例を紹介する場合には、その事例の担当者に取材をすることもよくあります。

初稿完成後の追加取材

ライターが執筆した原稿をチェックします。

本一冊分なので、そこまで労力が必要というわけではありませんが、取材のときに話し漏れていたことなどがあれば、追加取材をして加筆してもらう必要があります。

追加の取材がなく、比較的スムーズに進むケースもあれば、初稿後に色々とアイディアが出てきて、多くの作業が必要となることもあります。

校正

出版社の編集作業後は、校正作業です。

校正は、原稿の誤字脱字などを修正していく作業のことで、出版社はもちろん、著者である経営者、社員など多くの人の目を通して修正していきます。

多くの人の目を通した方がミスを減らせますし、ＡＩなどの技術が発達した今でも、まだ人の目で見て誤りを直していくという方法が効果的と考えられています。

表紙デザイン等

原稿が完成したら、表紙デザインやタイトル等を決めていく作業がメインとなり、労力はそこまで多くなくなります。

一方で、出版後の販促の準備などを開始する必要が出てくる段階です。

以上のように、企業出版はそれなりに経営者にプロジェクトに参加してもらう必要があります。

でも、ライターを利用したり、社員に参加してもらうことで労力を減らすことは可能です。

また、労力はかかりますが、本づくりの過程は楽しくもあります。

本業が疎かになってはいけませんが、時間が許せば是非検討してみていただければ幸いです。

【Point】

それなりに労力がかかる

時間がない場合は、社員なども巻き込んで分担してプロジェクトを進めよう

あとがき

～思ったよりも簡単にできる出版～

４年半勤めた証券会社を退職し、出版業界で創業してから10年、企業専門の出版社として法人化してから６年が経とうとしています。

衰退産業と言われ、社歴数十年も当たり前の出版業界の中で考えればかなり若い会社と言えるでしょう。

でも、衰退産業と言われ、業界全体の市場規模は縮小を続けているかもしれませんが、企業出版は年々注目を集めるようになってきていると感じています。

特に私たちの会社は成長途中のベンチャー企業がクライアントに多いのですが、最初は

「今さら紙の本？」

「ウェブマーケティングに取り組むのが先だと考えています」

「引退するときに本を書けたらよいなと思います」

と言っていた経営者も出版後には
「めちゃめちゃよい経験になった」

「今さら紙の本ってのが逆に面白いよね」

「次回作どうしよう」

と、企業出版という新しい本の活用方法について前向きに考えてくれるようになっていることが多く、大きな手応えを感じています。


毎回の出版でクライアントと共に考え、会社の売上アップを支援するための企業出版サービスに特化して少しずつ磨きをかけてきた結果、今があります。

今回はそうして培ったノウハウを一冊の本にまとめて発信させていただきましたが、もちろんこれで完成形というわけではなくて現段階でお伝えできる内容として今回は本にまとめさせていただいた次第です。

本を出版すると聞くと大掛かりなプロジェクトで、多額の費用がかかることを想像されるかもしれませんが、もっと手軽に、そしてもっとリーズナブルにと考えて本の出版サービスを提供させていただいております。

特に二冊目、三冊目とリピートで利用していただいて、企業出版を成長戦略の軸として考えていただくことが私たちの目指すところです。

「本は一冊出せればよい」

「多額の費用がかかる」

「社長の半生をまとめた本は今じゃない」

そんな当たり前をこれからもどんどんと変えていけるよう、そして、これからもクライアントの売上アップに貢献するべく精一杯力を尽くしてまいります。

会社をもっともっと成長させていきたいという成長意欲の強い社長と共に仕事ができればそれほど嬉しいことはございません。

この度は、限りある時間を割いていただき、最後までお読みいただきまして誠にありがとうございました。

【著者プロフィール】

梶田　洋平

（かじた　ようへい）


ラーニングス株式会社代表取締役社長。

1985年愛知県名古屋市生まれ。


大学在学中に参考書をはじめとした複数の本を出版し、卒業後は証券会社に入社。2013年退社後には個人事業主として投資関連のeラーニング事業などを手掛けるも失敗。一時は借金返済のため、金策にかけずり回る日々を送る。

2014年から出版関連事業を個人で開始し、2017年にラーニングス株式会社を設立して代表に就任。「出版の明日を創る」をミッションに掲げて、これまでブランディング目的が中心だった出版物を営業ツールやマーケティングツールとして活用するサービスが人気となって売上を伸ばす。

自身も証券会社勤務での経験を活かした投資に関する本などを書き続け、これまでに17冊の本を出版。一部の著書は台湾や韓国で翻訳出版されている。

好きな本の分野は経営者の自叙伝やマーケティング、経営に関する実用書。

趣味は読書とスポーツ観戦。

1冊の本で売上をアップする！
B to B 事業者のための企業出版戦略とケーススタディー

ISBN：978-4-434-32251-8
2023年6月28日　初版発行

著　者：梶田洋平

発行所：ラーニングス株式会社
〒150-0002　東京都渋谷区渋谷 2-14-13
岡崎ビル 1010号室
発行者：梶田洋平

発売元：星雲社（共同出版社・流通責任出版社）
〒112-0005　東京都文京区水道 1-3-30
Tell (03)3868-3275